イラスト版 子どもの感情力をアップする本

自己肯定感を高める気持ちマネジメント50

渡辺弥生[監修]
[法政大学心理学科教授]

木村愛子[編著]
[藤沢市立大清水小学校教諭]

合同出版

はじめに

「じゃがいもって土の下にできるんだ！」「カレー、初めて食べた！　すごくおいしかった」
　子どもたちは、日々いろいろなことに出会い、さまざまな発見をします。世の中は初めて体験する知らないことだらけ、毎日を驚きと感動で過ごしているはずです。
　もちろん、良いことばかりではありません。未知のことばかりなので、「ダメでしょ、そんなことしたら！」としかられたり、危険を予測できないためにけがをしたり、相手の気持ちがわからないためにケンカをしたりと、緊張と不安の連続でもあります。
　こうした日々の体験の中から、子どもたちはさまざまな感情を身につけ、さまざまな知恵を学習していきます。
　一方で、子どもの知力に関心を持ち、そこに重きを置きたがる大人たちは、日々学習させようというモードになりがちです。
　そのために、「早く早く！」「なんで、わからないの？」「さっきも言ったでしょう！」が常套句になってしまい、子どもたちが新しい感情を育み、豊かな知恵を学んでいく意欲を奪ってしまっているようにさえ感じます。
　その結果でしょうか、知識をいっぱい詰めこんでも、たくさん勉強しても「楽しくない」「どうせ自分なんて」と、学校に通う足取りが重くなっている子どもたちが増えてきたように思います。
　「不思議」「面白い」「ワクワク」といった感情が伴うからこそ学ぶ意欲が生まれ、人から認めてもらったり、ほめてもらうことで、元気が出たり、自分に対する自信が生まれます。
　保育・教育の現場に身を置いていると、世の中のさまざまな出来事や人間関係から感情が発達していく回路、感動や喜び、怒りやかなしみを感じとる「気持ちのセンサー」が十分に機能していな子どもたちに出会うことがあります。
　この本では、感情の回路をつなぎ直し、センサーの機能を発達させるために、自分の気持ちを調節したり、自分や他者の気持ちに気づかせたり、他者とコミュニケーションしていく方法やコツを教えることができる50のワークを紹介しました。
　個別に対応できますし、クラスでも、学校全体、さらには社会教育の活動でも行えるワークです。ぜひ発達の様子に合わせて、アレンジしてください。
　子どもたちの幸せを願う保護者、保育・教育関係者のお役に立てることを心より願っております。

法政大学心理学科教授
渡辺弥生

もくじ

はじめに……3

この本の使い方……6

【これだけはおさえよう】子どもの感情を育てるために……8

❶ 自分の感情に気づく

1）考え方と気持ちの関係……18

2）気持ちを表すたくさんの言葉……20

3）感情にはいろんな種類がある……22

4）気持ちは体に表れる……24

5）自分の表情を見てみよう……26

6）気持ちを表情に出してみよう……28

7）しぐさで気持ちを表そう……30

8）気持ちは声とつながっている……32

9）自分の「くせ」を見つけよう……34

10）感情を表現してみよう……36

11）時間とともに気持ちは変化する……38

コラム① しつけと感情……40

❷ ほかの人の感情に気づく

12）友だちの気持ちを知る言葉を探そう……42

13）しぐさから気持ちを考えてみよう……44

14）相手の気持ちを声で知る……46

15）不快な気持ちってなに？……48

16）みんないろんな気持ち……50

17）気持ちには強い・弱いがある……52

18）友だちのよいところを探そう……54

19）周りの人が困っていたら……56

20）友だちの気持ちに寄りそう……58

21）友だちと仲良くなれる言葉……60

コラム② 読書と感情……62

❸ 自分の感情を調整する

22）どうして気持ちを調整しないといけないの？……64

23）小さなイライラをはきだそう……66

24）イライラをコントロールするスキル……68

25) ドキドキを小さくするために……70
26) こわくてたまらない時のおまじない……72
27) 「ごめんなさい」をじゃまする気持ち……74
28) がまんする力をつける……76
29) ものの見方を変えるリフレーミングの方法……78
30) 立ち直る力（レジリエンス）をつける……80
31) 気持ちと行動の関係を知る……82
32) 元気になる方法を見つけよう……84
33) 食べもののおいしさを味わう……86
34) 周りの音に気づこう……88
35) ゆ〜っくり呼吸しよう……90
36) ここちいい手ざわりを探そう……92
37) 動いてリラックス……94
38) 色で気分が変わる……96
39) どんな香りでいい気分になる？……98
40) わたしのストレス解消法……100

コラム③ 仲間と感情……102

❹ 友だちとうまく関わる

41) 周りの人の関係に気づく……104
42) 友だちってどんな人？……106
43) 心の吹き出しを考えてみよう……108
44) 仲間に入ろう……110
45) ケンカしても仲直りできる……112
46) やさしく頼むスキル……114
47) じょうずに断るスキル……116
48) 伝わるあやまり方……118
49) 問題解決のステップ……120
50) いっしょにたのしむための方法……122

コラム④ あそびと感情……124

参考文献……125
対象年齢、対象人数の参考例……126
あとがき……127
執筆者紹介……128

この本の使い方

子どもが身につけたいソーシャルスキルやその課題が、見開きで構成されています。

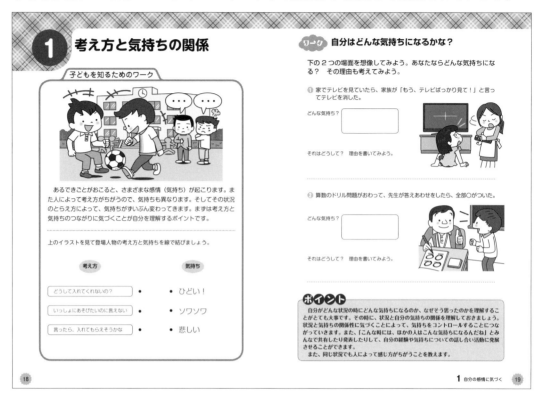

◆左のページ

　まずは保育者・教師がこのページで扱うスキルの内容を理解するために【子どもを知るためのワーク】を行います。実際にワークをすることで子どもたちに育てたい感情力を具体的に理解していただくことができます。

◆対象人数・対象年齢

　ワークを行う際に、個別／クラス／学校すべてなど目標や目的によってやり方は変わります。子どもの特性や発達段階に応じて、家庭、クラス、学校で行う時に工夫してください。

　幼児から小学校低学年を対象にしています。子どもたちの理解力や意欲によって、教材のサイズや見せ方（カード、紙芝居、パワーポイントなど）、発問のしかたを工夫すると、他の年齢でも十分可能です。126ページに対象の参考例があります。

◆右のページ

　【ワーク】は、家庭や園・学校でそのまま使えます。家庭では親子で、園や学校ではペ

アワークやグループを活用してゲームのように楽しく学ばせることが効果的です。

【ポイント】は、教える目標や留意点などを心理学的な観点にも触れながら、箇条書きにしました。ポイントをまず頭に入れてワークに取り組んでください。ワークの展開や結果は、子どもによってさまざまです。実践した上でアイデアを加えていってください。

気持ちの学習にこれでなければいけない、という正解はありません。人の気持ちはそれぞれちがうこと、そのちがいを受け入れ理解しようとすることで、豊かな人間関係を築くことができるのです。

◆学校で取り組む際は

クラスの「朝の会」や「帰りの会」、学級活動の中で継続的に取り組むワーク、あるいは楽しいゲームとして取り組めるワークをたくさん紹介しています。また、全校集会などで一斉に行えるものもあります。さまざまな工夫を加えて、さらに効果的な気持ちの学習教材にしてください。

ワークに取り組みたくないという子どもには、その気持ちを受け止め、安心して関わることのできる大人と過ごす時間を作るところからスタートしてください。気持ちについてのワークですので、何より、楽しい雰囲気の中でリラックスできるよう工夫することが大切です。

◆項目の順序

50の項目は、簡単な課題から並べられています。ただし、厳密なものではありません。取り組みたい項目や子どもに身につけてほしいことから行ってもよいでしょう。「この子どもたちなら楽しく取り組めそう」というものを抜き出して取り組んでいただいてもよいですし、「この子どもたちがこんなふうに気持ちを理解したり表現したりできるようになったらいいな」という項目を重点的に取り組んでいただくのもよいと思います。項目をえらぶ際には、対象人数、対象年齢を参考にしてください。

◆大人のみなさんにも

この本は、「気持ちを伝える」「気持ちを知る」「気持ちをマネジメントする」といった感情リテラシーを子どもたちが身につけるためのワークを集めたものですが、大人が自分と他者の気持ちを整理するワークとしても使うことができます。

＊このワークは教育目的でお使いになるばあい、コピーしてご利用いただくことができます。

【これだけはおさえよう】子どもの感情を育てるために

1. 感情リテラシーを学ぶ

❶気持ちの存在に気づく

　大人は、子どもたちにはいつも元気でがんばっていてほしいと望みがちです。ケラケラと楽しく笑っている姿を期待します。「怒りんぼうにならないで、泣きべそかかず、素直にすくすく育ってほしい」と思います。

　しかし、子どもたちは成長と共に、大人以上に不愉快な感情を体験していきます。未体験だけに繊細で、言葉で表現する力もなく、視野が狭い分だけストレスを溜め込みます。体全体で泣き叫んだり、地面に倒れこむようにうなだれたり、何をする意欲も見せなくなってしまうことがあります。

　幼児期から小学校低学年くらいの子どもたちは、まだ「心や感情」の存在に気づいていません。自分が何を感じているとか、考えているとか、とろうとする行動の主体としての自分がまだ未完成です。ですから、何かの刺激にいきなり反応し、暴走してしまうのです。

　気持ちを表現する言葉やしぐさがわからず、周囲の気持ちをうまく読み取れず、助けを求めることもできません。そんな状態に、大人は嫌悪感を示し、抑え込もうとしがちです。子どもたちが不快だというサインを示してもしかられてしまうことが多く、ますます全身でかなしみや怒りを絞り出します。制御の仕方さえわからないのですから、疲れ果てるまで不快な気持ちに翻弄されてしまいます。

　私たち大人でも、まったく言葉が伝わらず、想像もつかない環境に置かれたらどうでしょう。不安でいっぱいになります。表情やしぐさも読み取れず、伝える気持ちの言葉も知らず仲よくする術もわからないために、わめいたり怒ったりするかもしれません。しかも、そんな状況でしかられるとしたらどうでしょう。

　大人に求められているのは、こうした状況を理解したうえで、子どもたちに気持ちの存在に気づかせ、感じた気持ちを「うれしい！」とか「かなしい」という言葉で表現することを教えることです。他人も同じような気持ちを抱いていて、時には一致することもあるけれども、互いにちがうところもあることを、体験を通して教えていきます。

子どもは成長する過程でさまざまな状況に置かれても、自分の気持ちをマネジメントできる方法やコツを学ぶ必要があります。こうした、感情についての決まりごとや知識は【感情リテラシー】と呼ばれますが、子どもたちが自然に身につけていくのを待つだけでは不十分で、系統的に大人が教えていく必要があります。

❷気持ちを育てる

　子どもたちはどのようにして「気持ち」を身につけていくのでしょうか。不快な時に泣き叫んでいた赤ちゃんの時代から、自我が芽生えておもちゃをとられて怒ったり、大好きなあそびをしてたのしんだり、ほめられてうれしかったり、しかられてスネたり、かなしくなったり、日々の体験の中で、いろいろな気持ちが湧いてくることに気づいていきます。

　大人は不快な気持ちを否定したくなりますが、「怒るな！　泣くな！」としかるだけでは、子どもの気持ちが抑圧されてしまいます。内から湧いてくる感情に名前があることを教え、湧いてくる理由を説明し、どうすればマネジメントできるのかを教える必要があるのです。

　「お母さん帰ってきたからうれしいのね」とか「おもちゃ取られて怒ってるのね」という言葉かけによって、子どもは自分の気持ちに気づき、なぜ感情が生じるのかについて理由を学ぶことができます。

①インストラクション＝子どもたちにわかるように説明することが重要です。

②モデリング＝子どもたちは、感情のマネジメントの仕方を親や周りの人たちの観察から学んでいます。ですから、キレやすいお父さんやお母さんの元に育つと同じように癇癪を起こしやすい行動傾向が身につく可能性が高くなります。「やさしくしなさい！！」と激怒するやり方では、子どもは、やさしさを学ぶことができません。

③リハーサル＝日常生活の中で、怒らないようにがまんしよう、とか、泣かないようにしようと練習していきます。

④フィードバック＝うまく行動することができたら、「怒らないでえらいね」とほめたり、できなければ「わめかないで、やめてと言おうね」と具体的にサポートします。

⑤チャレンジ＝別の場面でも「やってみようね」と促し、さまざまな場面で応用できるようにしていきます。

❸まずは大人から心豊かに

　子どもが自分の感情を獲得していくには、まず大人が心豊かに、そしてその豊かさを表現できることが必要です。ポジティブな感情を表現する時、うれしい、たのしい以外にどれだけの言葉をイメージできるでしょうか。清々しい、爽やか、晴れ晴れとした、心が躍る、といったようなたくさんの言葉を身につけることによって、大人も心が豊かになります。

　ネガティブな感情も、悔しい、寂しい、かなしい、みじめ、といった言葉をたくさん知って表現することで、自分の気持ちを正しく受け止めることができます。

　正しく自分を理解できれば、そうした思いをだれかにうまく伝えることもできるようになります。まず、大人が気持ちの存在の大切さやマネジメントの方法を身につけることが大切です。そして、子どもたちにもその大切さや対応の仕方を実体験の中で教えていきます。

2. 子どものニーズに応じた「感情」への支援

❶3段階の「援助サービス」

　子どもたちは学校生活を通して、知識だけでなく、人との付き合い方を学んでいきます。保護者や保育・教育に携わる者は、子どもが学習や人間関係などで課題に出会った時、その課題を解決していく力を育てていくことが求められています。

　こうした子どもの成長を支える支援を「援助サービス」と呼んで、3段階で示しています（図参照、石隈1999）。

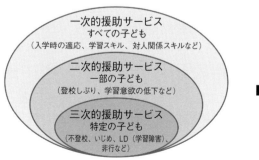

■3段階の援助サービス

●一次的援助サービス

　すべての子どもが対象となる支援です。例えば、小学校や中学校の入学時に新しい環境に適応できるようにする関わりや、授業などで自分や他者の感情について理解し、自分の感情とのじょうずな付き合い方を学ぶといったことがこれにあたります。すべての子どもたちにとって必要な支援を、クラス、さらに学校全体といった集団で学ぶ枠組みと考えることができます。

●二次的援助サービス

　少しだけ個別の関わりが必要となる子どもが対象になります。「最近、遅刻や早退が増えている」「休みがちになってきた」「忘れ物が多い」「すぐ怒ったり、泣いたりする」など、「最近、ちょっと気になるから声をかけよう」、といったように個別の支援を考える必要が出てきた子どもが対象です。感情に関するワークシートが書けなかったり、またワークシートの回答や授業中の態度や発言で気になる点があった子どもには、個別に対応します。

●三次的援助サービス

　個別の関わりが必要な子どもが対象です。いつもイライラして感情のコントロールができず、友だちを叩いたり、物を壊したりしている子どもなどには、クラスの授業だけで対応するのでは不十分です。その子に合った支援をカスタマイズする必要があるからです。

　例えば、その子が感情のプロセスのどこに困難を抱えていて、どんな支援が必要なのかという視点でアセスメントします。「自分の感情を理解できないのか」「感情が起きた時の体の感じがつかみにくいのか」など、その子のつまずきを評価していきます。

　いじめやDVなどによって人間関係で傷ついた体験がある子は、ネガティブな感情を抑圧している可能性があります。その場合、授業によって抑圧していた感情が出現して、どうコントロールしていいのかわからない状態になり、授業中に反抗したり、「やりたくない」といってふさぎこんだりすることがあります。

　こうした場合、個別で対応することが重要です。子どもの気持ちを傾聴し、そうした気持ちになった理由を理解していきます。特にいじめやDVなどネガティブな体験をしてきた子には、【感情のワーク】を少しずつ行って、抑圧されてきたネガティブな感情を表出させ、それを受け止めることで感情の整理を支援していきます。

3段階の援助サービスに基づいて子どもの状況を把握したうえで、それに応じた支援を行っていくことが非常に重要なのです。

❷やさしいものからむずかしいものへ
　感情を表す言葉は無数にあります。「怒り」「喜び」「かなしみ」といった基本的な感情から、「せつない」「むなしさ」「やるせない」などとても複雑で、一口では言い表せない感情まであります。

　さらに、「うれしいけど、なんだかさみしい」「わかるけど、ゆるせない」といったように、いくつもの感情が混ざり合った、複雑な気持ちもあります。複雑な気持ちが入り混じった感情は、大人でも人に伝えることも、自分自身の中でも整理することももどかしいことがあります。

　このように気持ちを言葉に表すということは、むずかしいことなのです。そのため、子どもに教えていく時は、「たのしい」「うれしい」「怒り」といった基本的な感情から、状況がわかりやすい身近なできごとを取り上げて教えていきます。

　小学校高学年以上になると、同じ状況でも感じ方がちがうということも出てきます。例えば、あいさつしたのに友だちがすっと通り過ぎてしまったできごとに対して、「ムカつく」と怒りを感じる子もいれば、「無視されてかなしい」「何かわるいことをしてしまった？」という不安を感じる子がいます。感情が、状況や人によって感じ方が異なることも教えていきましょう。

3.　学校での工夫・活用の仕方

❶気持ち言葉を育てよう
　小学校低学年の子どもの作文の中に、事実については順序立ててくわしく書けているのに、気持ちに関する記述は最後に一言、「たのしかったです」とあるだけ、という話をよく聞きます。

実にあっさりと気持ちが表現されているのですが、書いた子どもにこの時の状況を聞いてみると、実はさまざまな気持ちの動きがあります。その気持ちの動きに合った言葉を知らないために、自分の気持ちを整理してとらえることや文章として表現することができないのです。

　クラスの場で、あるいは学年、学校の場面で、子どもが自分の気持ちを言葉で表現したりできるようになれば、それは、お互いをわかり合うあたたかい経験につながります。そして、友だちの気持ちをわかろうとする姿勢が育ち、やがて相手に配慮した行動を考えようとするようになります。

❷「あなたのその気持ちは…」でなく「気持ちというものは…」

　それでは、学校生活の中のどんな場面で、気持ち言葉を育てることができるのでしょうか。「うれしい」「たのしい」「いやだ」「イライラする」「かなしい」「くやしい」などのさまざまな気持ちは、場面にそって「こんなことがあったから、こういう気持ちになったね」と大人が言語化して示すことで、子どもは「こんな気持ちになったら、こういう言い方をすると伝わるんだ」と学んでいきます。

　しかし、クラスや学校といった大きな集団の中で、一人ひとりの子どもの気持ちにそった適切な言葉をタイミングよく教えていくことは、容易なことではありません。とりわけトラブルで生じてくるネガティブな気持ちに対して、その場で対応することが必ずしも適切だとはかぎりません。

　何を言われたかを再現させて、「悪口を言われていやだった」という気持ちを再認識させることで、相手に対する嫌悪感を強めてしまうことがあります。また、「がんばって作った作品が壊れてしまったかなしさ」に深く共感することで、子どもがかなしみにとらわれてしまうことがあるからです。

　「あなたのその気持ち」を再認識したり、追認することで、ネガティブな感情が強化されてストレスになったり、自分が哀れな存在であるかのように感じて自己肯定感を低下させたりしないように細心の注意が必要です。

　この本で紹介したワークの中には、トラブルが起こった後で「どんな気持ちだったか」

を糸口にして互いを和解させる方法ではなく、さまざまな日常生活の場面を追想させながら、「気持ちってこういうもの」「自分と相手の気持ちはちがう」ということを理解させるワークを紹介しています。この「気持ちの理解」によって、お互いを理解することが始まります。

❸ポジティブな気持ちを教えることを優先して
　集団の中で気持ちが問題になるのは、ハッピーな場面よりもむしろトラブルが起こった時だと思いますが、私たちがまず子どもたちに理解し、表現してほしいのは、ネガティブな感情表現より、ポジティブな感情表現です。トラブルの有無とは関係なく、個人、少人数、クラス単位で、いくつかのワークをシリーズのようにして取り組むことをおすすめします。

4. 保護者のみなさまへ

❶家庭は、まねて試す場
　家庭でと言われると特別なことをするようで、ハードルが高いと思われるかもしれません。
　子どもにとって家庭は、園や学校とはちがい、家族や自分たちの物だけに囲まれリラッ

クスできる場です。日常の生活の中で家族の振る舞いを真似することで、自然と人との関わり方や感情表現を身につけ、家庭の中でトライ＆エラーを繰り返すことで、社会で通用する「気持ちの言葉」や「ソーシャルスキル」に洗練されていきます。

❷わずかな「いっしょ時間」を活用する

　家庭の中で「気持ちの言葉」や「ソーシャルスキル」を身につけるために特別な構えは不要です。お風呂にいっしょに入る、テレビをいっしょに見る、布団にいっしょに入るなどの「いっしょ時間」が必ずあります。保護者が、「いっしょ時間」にいる気持ちを言葉にして伝えることが、子どもにとって一番のモデリングになります。

　また、絵本の読み聞かせをする際は、登場人物の気持ちを想像させて、話してみましょう。セリフだけでなく、しぐさやくせ、ノンバーバルな部分にも注目させましょう。子どもの話を聞いていると、「子どもってこんなふうに感じているのか」「こんな言葉も使えるのか」と気づくことがあります。

❸保護者自身の感情に気づきましょう

　大人もひとりの人間です。時に喜怒哀楽をストレートに子どもに見せることもあります。大人が自身の気持ちをオープンに表現していくことで、子どもは他者の気持ちに関心を持つようになります。

❹可視化はゲーム感覚でたのしく

　「泣いててもわからないでしょ。言葉で言いなさい！」とお子さんについついしかり口調で説明（言葉による可視化）を求めてしまうことがあります。たしかに、言葉で表現することは、感情が発達途上にある子どもにとって必要な課題です。

　自分の状態に気づき、関係する人に伝え、感情を調整し解決するために、言葉による「可視化」は有効な手段です。言葉で自分の気持ちを表現できればよいのですが、複数の感情が入り混じった場合は大人でさえ容易なことではありません。

　感情を可視化する手立てとして、言葉以外にも絵にする、数値やグラフで表す、色、大

きさなどで表現することもできます。言葉で表現することにこだわらず、子どもが感情を表現するアイデアを考えてください。

① 自分の感情に気づく

1 考え方と気持ちの関係

子どもを知るためのワーク

あるできごとがおこると、さまざまな感情（気持ち）が起こります。また人によって考え方がちがうので、気持ちも異なります。そしてその状況のとらえ方によって、気持ちがずいぶん変わってきます。まずは考え方と気持ちのつながりに気づくことが自分を理解するポイントです。

上のイラストを見て登場人物の考え方と気持ちを線で結びましょう。

考え方 　　　　　　　　　　　気持ち

| どうして入れてくれないの？ | ● | ● ひどい！ |

| いっしょにあそびたいのに言えない | ● | ● ソワソワ |

| 言ったら、入れてもらえそうかな | ● | ● 悲しい |

ワーク 自分はどんな気持ちになるかな？

下の2つの場面を想像してみよう。あなたならどんな気持ちになる？　その理由も考えてみよう。

❶ 家でテレビを見ていたら、家族が「もう、テレビばっかり見て！」と言ってテレビを消した。

どんな気持ち？

それはどうして？　理由を書いてみよう。

---

❷ 算数のドリル問題がおわって、先生が答えあわせをしたら、全部○がついた。

どんな気持ち？

それはどうして？　理由を書いてみよう。

ポイント

　自分がどんな状況の時にどんな気持ちになるのか、なぜそう思ったのかを理解することがとても大事です。その時に、状況と自分の気持ちの関係を理解しておきましょう。状況と気持ちの関係性に気づくことによって、気持ちをコントロールすることにつながっていきます。また、「こんな時には、ほかの人はこんな気持ちになるんだね」とみんなで共有したり発表したりして、自分の経験や気持ちについての話し合い活動に発展させることができます。
　また、同じ状況でも人によって感じ方がちがうことを教えます。

2 気持ちを表すたくさんの言葉

子どもを知るためのワーク

　私たちは、日頃「うれしい」「かなしい」「イライラする」といった、気持ちを表す言葉を使っています。その言葉をたくさん知っていれば、自分の気持ちを相手に伝えることも友だちの気持ちに気づくことも、できるようになります。いろいろな気持ちを表すボキャブラリーがたくさんあることに気づかせます。

❶～❺の時どんな気持ちになるか、気持ちカードからえらびましょう。

❶遠足の日に、雨が降って中止になった　　　　　　　（　　　）（　　　）
❷曲がり角から、突然大きな犬が飛び出してきた　　（　　　）（　　　）
❸友だちから、誕生日プレゼントをもらった　　　　（　　　）（　　　）
❹大好きなおやつを、お兄ちゃんが買ってきてくれた（　　　）（　　　）
❺一生懸命練習した劇の発表が近い　　　　　　　　（　　　）（　　　）

気持ちカード

うれしい	きんちょう	いやだ	びっくり	たのしい
さいあく	こわい	きもちいい	イライラ	つらい
ムカつく	しあわせ	ドキドキ	かなしい	さいこう
ホッとする	さびしい	ワクワク	くやしい	ざんねん

ワーク この顔はどんな気持ちの時？

下のいろいろな顔の絵を見て、次の質問について、みんなで考えてみましょう。

❶ この顔はどんな気持ちを表しているでしょうか。□に気持ちを表す言葉を入れてみましょう。

❷ この顔になるのは、どんな時でしょうか。

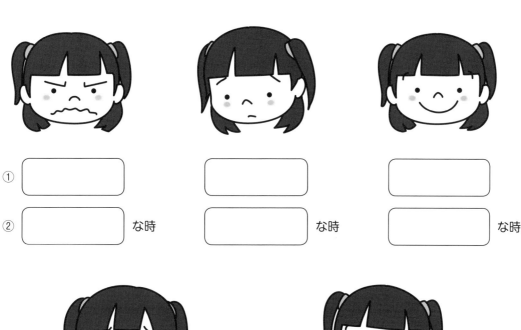

ポイント

- 1つの表情が1つの気持ちを表しているとは限りません。人によって、表現する言葉もちがいます。話し合いを通してそのことに気づき、いろいろな感情表現があることを学びます。
- ワークを行う際は、友だちの発言を否定することなく、聴くように促しましょう。必ず正解があるものではありません。

1 自分の感情に気づく

3 感情にはいろんな種類がある

子どもを知るためのワーク

　私たちにはさまざまな感情（気持ち）があります。感情は快・不快とエネルギーの強・弱で分けられます。快・不快はポジティブ（うれしい／たのしい）、ネガティブ（イライラ／かなしい）があります。強度は、おだやか／落ち込みといったエネルギーが低いものから喜びや怒りといった強いものまであります。

1. 次の気持ちは右のカッコの中のどこにあてはまるか、書いてみよう。
   - たのしい（　快├──┼──┤不快　　　エネルギー 弱い├──┼──┤強い　）
   - かなしい（　快├──┼──┤不快　　　エネルギー 弱い├──┼──┤強い　）

2. 上のイラストを見て、その気持ちに合う言葉を考えさせます。みんなと見せ合って、その中で多かった言葉を5つあげます。
   （　　　　　　　）（　　　　　　　　　）（　　　　　　　　　）
   （　　　　　　　）（　　　　　　　　　）

ワーク ムードメーターで表そう

　感情は快や不快と、エネルギーの強弱で下のように４つのゾーンに分けて考えることができます。

　左ページでえらんだ５つの感情を表す言葉が、それぞれ下の図のどこにあてはまるか考えて、書きこんでみよう。

　友だち同士で見せ合うと、同じ気持ちでも感じ方が違うことがわかります。

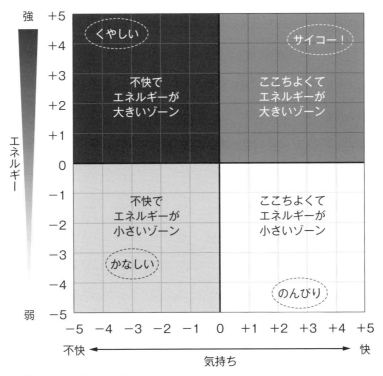

（例）Aさんの場合

＜参考＞ RULER - Yale Center for Emotional Intelligence　mood meter

ポイント
- 可視化してみると同じ言葉でも人によって感じ方（ゾーン）がちがうことに気づかせます。
- 感じ方がちがうことで誤解することがあるので、お互いを理解し合うために感情を可視化するツールが役立ちます。

1 自分の感情に気づく

4 気持ちは体に表れる

子どもを知るためのワーク

　特に病気でもないのに体の不調を訴える子がいます。そんな子は、いやだなと思っていることや気になっていることを抱えたまま、気分を変えられずにいるのかもしれません。自分の感情に気づいてうまく回避したり、乗り越えたりするために、体を通して気持ちに気づかせます。

1. 最近「いやだな」と思っていることや、気になっていたことがありますか？

2. それはどんな時？　あてはまるものを丸で囲ませます。（幼児の場合は、絵を使ってもOKです）

| テストがある | 発表会がある | 友だちとケンカした |
| 宿題がおわらなかった | 苦手な体育がある | 親に怒られた |

3. いやだなと思った時、病気じゃないんだけれど、「なんとなく気持ち悪い」「おなかが痛い気がする」など体調に変化があったかたずねてみます。

ワーク 体を観察してみよう

❶ うれしかった時、どんな感じだったか体のイラストに書きこんでみましょう。また、言葉で表してみよう。
例）ちくちくする／あったかいかんじ／ざわざわする／呼吸がはやくなる／だらりとする／ドキドキする

うれしい時

○顔は？⇒＿＿＿＿＿＿＿＿＿＿＿＿＿＿＿＿＿＿

○胸は（心臓は）？⇒＿＿＿＿＿＿＿＿＿＿＿＿

○手（指先）は？⇒＿＿＿＿＿＿＿＿＿＿＿＿＿

○足は？⇒＿＿＿＿＿＿＿＿＿＿＿＿＿＿＿＿＿

○おなかは？⇒＿＿＿＿＿＿＿＿＿＿＿＿＿＿＿

❷ かなしい時、どんな感じだったか体のイラストに書きこんでみましょう。また、ことばで表してみよう。

かなしい時

○顔は？⇒＿＿＿＿＿＿＿＿＿＿＿＿＿＿＿＿＿＿

○胸は（心臓は）？⇒＿＿＿＿＿＿＿＿＿＿＿＿

○手（指先）は？⇒＿＿＿＿＿＿＿＿＿＿＿＿＿

○足は？⇒＿＿＿＿＿＿＿＿＿＿＿＿＿＿＿＿＿

○おなかは？⇒＿＿＿＿＿＿＿＿＿＿＿＿＿＿＿

ポイント
- 体の状態は擬音語・擬態語で表現させるのもいいでしょう。ワークに個別で取り組んだ後、クラスでの共有を工夫してください。体の感じを色で表現するなどアレンジもできます。
- 待ち遠しくて体が「うずうず」する、胸が「わくわく」する「シャキッとする」「ドキドキする」など、自分の体験を通して気持ちと体が密接に関係していることに気づかせます。
- いろいろな気持ちに気づき、ネガティブな気持ちや落ち着かない気持ちは、体を使って(大きく息をはくなど)コントロールすることにつなげていきます。

1 自分の感情に気づく

5 自分の表情を見てみよう

子どもを知るためのワーク

　相手の顔はよく見えるのに、自分の顔は見えません。周りの人には自分の顔（怒っている表情）がよく見えているのに、自分で見ることはできません。本人がどんな顔（表情）をしているのかを気づかせることで、表情が相手に与える意味に気づかせ、感情の理解につなげます。

1. 自分の顔をほかの人が見た時どう思うか書かせます。

（例）

| たのしそう | つまらなそう | 怒っていそう |

2. 友だちの表情をみてどんなことに気づいたか書かせてみましょう。

3. 自分の表情について気づいたことを書かせてみましょう。

ワーク 鏡を使ってやってみよう！

4つの動作を順番に鏡を使ってやってみましょう。

① 鏡の中の自分にあいさつしてみよう。「こんにちは」

どう？　あいさつできた？　何か話しかけてみよう。

② 話せた？　今度は口を広げて「イー」してごらん。

どう？　どんなふうに見える？

③ 次は口を大きく開けてごらん。

どう？　口の形を変えるだけで印象がちがうね。

④ 表情って自分でいろいろ変えられるんだね。今の自分の気持ちを表情で表してみよう。

　口や目や眉毛など動かせるところを大げさに動かしてみて、表情が変わることを体験させ、それが周りの人にどう見えるかを考えさせることで、気持ちと表情の関係に気づかせます。ペアで取り組んでも効果的です。怒った時、かなしい時、自分の表情も変化していることに気づかせましょう。

ポイント

- 「たのしいから笑う」や「かなしいから泣く」などは表情にも明確に表れ、ほかの人にも自分にもわかりやすい感情ですが、不安や嫉妬など表情からは読み取りにくい感情もあります。徐々に複雑な感情表現に挑戦するのもいいでしょう。
- 表情には気持ちが表れます。表情を変えることで気持ちを切り替えることに気づかせるのも大切です。

1 自分の感情に気づく

6 気持ちを表情に出してみよう

子どもを知るためのワーク

　たのしかったら笑う、かなしかったら泣く、これはごく自然な反応です。でも人はいつも気持ちを素直に表現しているわけではありません。人前だからがまんしたり、相手の気持ちを考えて遠慮していたりするのです。
　がまんするのはよいことですが、がまんしすぎると自分の本当の気持ちが伝わらず相手に誤解されてしまうことがあるので、うまく表現することが大切です。

1. うれしい、たのしい、くるしいといった基本的な感情を表情に出すよう促してみましょう。

2. 2人1組にし、「うれしい顔、あっぷっぷ」と言ってにらめっこさせます。表現のちがいを探させてみましょう。

ワーク 場面を想像して表情を作ってみよう

❶ チョコとイチゴのケーキが2つ。お姉ちゃんと2人で分けるんだけど、「どっちもおいしそう。迷っちゃうな〜」
◇迷った時の表情ってどんなかな？やってみよう。

❷ 家族で温泉に来た。お父さんと露天風呂に入ったよ。「あ〜、いい気持ち」
◇最高にリラックスした時の表情、やってみよう。

❸ 今日は運動会。短距離走、自分の番が近づいてくる。いよいよだ。位置について、息を止めて。さあスタートだ。
◇歯を食いしばって、真剣な表情をやってみよう。

ポイント
- 快・不快のさまざまな気持ちについて学ぶことが大切ですが、年齢が低いうちは、快の感情を多く体験させるようにします。
- まだ語彙の少ないうちは、表情で感情を表すことを教えます。それぞれの子どもが自分の体験に引き寄せて豊かな感情表現ができるように工夫します。

1 自分の感情に気づく

7 しぐさで気持ちを表そう

子どもを知るためのワーク

表情だけでなく、しぐさにも気持ちが表れます。その後、自分のしぐさで相手に気持ちが伝わっていること、相手のしぐさから気持ちを知ることを教えます。

こんな気持ちの時、どんなしぐさ（行動や態度）をするか考えさせます。

① **うれしい　わくわく**

- ジャンプする
- じっと見つめる
- ピースサインをする
- その他：

② **つまらない　たいくつ**

- 足をぶらぶらさせる
- 椅子を前後に揺らす
- ほおづえをつく
- その他：

③ **不安　緊張している**

- 前かがみになってかたまる
- 手を握る
- その他：

ワーク 今の気持ちを「はいポーズ！」

❶ それぞれの気持ちの時に、どんなポーズをとるかな？
みんなのまえでやってみよう。
〔ルール：声は出さない、表情はあまり変えない〕

- 気持ち1　有名なアイドルに会って感激した時
- 気持ち2　昨日ケンカして、仲直りしていない友だちにムカムカしている時
- 気持ち3　お母さんが迎えに来てくれて、安心した時

❷ どんなポーズをとったか、絵で説明しよう。イラストに、顔と体、手と足をつけ足してかいてみよう。

（例）

❸ どんなポーズをとったか、文で説明しよう
例）
- 気持ち1　ジャンプする　じっと見つめる　ピースサインをする
- 気持ち2　ドシンドシンと音を立てて歩く　こぶしを握る
- 気持ち3　腕を伸ばして胸を開く　手を広げる

ポイント
- 感情はしぐさにも表れ、しぐさによって気持ちが伝わることがわかると、自分の態度や人の様子をよく見ることが習慣づいていくことでしょう。
- ポーズを文章で説明するのは難しい課題ですが、気持ちを改めて掘り下げることができます。気持ちを表す言葉と、様子を表す言葉をもりこむことを指導します。

1 自分の感情に気づく

8 気持ちは声とつながっている

子どもを知るためのワーク

　気持ちと声のトーンはつながっています。気持ちが元気な時は元気な声、かなしい時はかなしい声になります。自分の声と気持ちの関係に気づくと、自分の声をコントロールしたり、声から人の気持ちを想像できるようになります。

1. 食事の時のあいさつをする時、どんな声になるか考えさせます。

「大好きな食べ物だ！　早く食べたい！」

| 元気な声 | 悲しい声 | 怒った声 |

「苦手な食べ物だ。食べられるかな……残したいな……」

| 元気な声 | 悲しい声 | 怒った声 |

2. 自分の声に近いところに〇をつけさせます。

大きい ├──────┼──────┤ 小さい　　　高い ├──────┼──────┤ 低い

明るい ├──────┼──────┤ 暗い　　　　ゆっくり ├──────┼──────┤ はやい

32

ワーク1 声優になろう

それぞれの登場人物の気持ちになりきって同じセリフを言おう。同じセリフでも気持ちによって声の調子がちがうね。

場面　立候補で係を決めるシーン
セリフ　「はい。飼育係がしたいです」

登場人物A：（本当にその係をやりたくて自信がある）
登場人物B：（やりたくないけどその係しかない）
登場人物C：（もう1つやりたい係があって迷っている）

場面の理解やなりきることが難しければ、簡単な言葉に変えます。
応答する→「はい」「いいえ」　呼びかける→「もしもし」「ちょっと」
あいさつ→「ありがとう」「おはよう」

ワーク2 セリフの字をデザインしてみよう

マンガに使われるセリフの文字は、大きさや形によって登場人物の気持ちを表しています。下の絵には"ハイ"を書いてみよう。

ポイント
・同じ言葉でも、感情がちがうと声の様子がちがうおもしろさ、その声によって聞く人にも気持ちが伝わるおもしろさがわかると、人の話に耳を傾けることが習慣づいていくことでしょう。

1 自分の感情に気づく

9 自分の「くせ」を見つけよう

子どもを知るためのワーク

　行動や表情の「くせ」も感情を伴う体の変化のパターンの1つです。本人は無意識にしている行動ですが、同じパターンが繰り返し現れます。周りの人に言われて、「そんな行動してたんだ」と初めて気づきます。ストレスを感じたり、不安だったりする時にどんな行動をしているかに注目してみましょう。

1. 子どもが繰り返す行動をチェックします。

   - まばたきが増える
   - 口をとがらせる
   - 舌打ちをする
   - 指で髪の毛をさわる
   - 爪をかむ
   - びんぼうゆすりをする

2. 上でチェックされた行動が見られた時、どういう気持ちでいるか考えてみましょう。

ワーク 知らない自分を発見！

❶ 友だちや家族に自分の「くせ」を教えてもらおう。

「ぼく／わたしが、『イライラしているのかな？』と感じる時はどんな行動をしてる時？」

例えば、びんぼうゆすり、爪をかむ、髪の毛いじり……

❷ わかったことをまとめてみよう。

教えてくれた人　（　　　　　　　　　　　）

「イライラしている時」ってどんな時
（　　　　　　　　　　　　　　　　　　　　　　　　　）

自分ではどんなことをしていると思いますか？
（　　　　　　　　　　　　　　　　　　　　　　　　　）

気がつかなかった自分の行動がわかった時、どう思った？
（　　　　　　　　　　　　　　　　　　　　　　　　　）

ポイント

- 「くせ」というとよくない印象がありますが、「無くて七癖」—どんな人でも「くせ」があります。
- 自分や人の「くせ」を見つけさせます。
- 「爪をかむ」「びんぼうゆすり」などは不安やイライラしている時に、多くの人がする行動です。望ましくない「くせ」はコントロールできるようになるとよいでしょう。
- あまり意識しすぎるとさらにひどくなることもあるので、まずは気持ちがゆったりとできるようサポートしてあげましょう。

10 感情を表現してみよう

> 子どもを知るためのワーク

　気持ちは、表情や声のトーン、身振りや手振りに表れます。うれしい時には、笑顔になり、声はいつもよりも高くなり、拍手をして、喜びを表現します。ふだん、どのように気持ちを表現しているか考えさせます。

1. 好きな場所であそべたら、どんな気持ちになる？　書いてみよう。

2. 気持ちの表現にどんな特徴があるか、観察させます。

- 表情（例：笑っている、力が入る、涙が出る）
- 声（例：高い声、低い声、明るい声、ひそひそ声）
- 身振りや手振り（例：手が上がる、ジャンプ、下を向く、動かない）

ワーク1　うれしい気持ちになる時

あなたがうれしい気持ちやたのしい気持ちになる時、どんなことをするか書いてみましょう。

例）大人にほめられた時／トランプで勝った時／好きなあそびをしている時

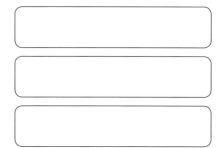

ワーク2　福笑いゲーム

ワーク1で出てきた場面をいくつかえらんで、どんな表情をしているか絵に表してみよう！

ポイント

- 日常生活の中で、「目がにっこりしているからうれしいんだね」「たのしいと声も明るくなるよね！」など大人が気持ちと表情や声のトーンとを結びつけて話すと、感情の表現が豊かになっていきます。
- 表情をイメージしにくい場合は、うれしい場面やたのしい場面を書いた絵本を読み聞かせたり、鏡を使って表情で気持ちを説明することも効果的です。

1 自分の感情に気づく

11 時間とともに気持ちは変化する

子どもを知るためのワーク

　いやなことがあったり、悪口を言われたりすると、ムッとして怒りの感情が出てきます。そんな時、物にあたったり、相手にそのままぶつけてしまうと、トラブルにつながります。しかし怒りはずっと続くわけではなく、時間が経つと変化してきます。その変化を子どもに体験させます。

朝ごはんの時しかられたとしたら、気持ちは家を出る前から登校するまでどう変わるでしょうか？　下からえらんでみましょう。

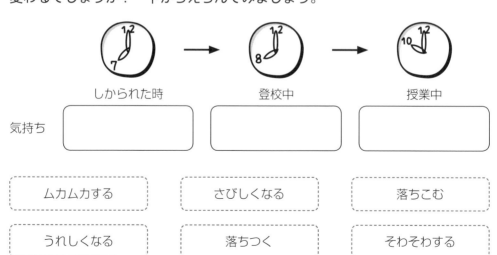

ワーク 感情の変化を考えてみよう

1日の行動をふりかえって、どんな気持ちの動きがあったか考えてみよう。下にある場面の気持ちを想像して、選択肢からえらんでみてね。

朝、学校へ行ったら大好きなブランコであそべた （　　　　　）

午前中、友だちと本の取り合いでケンカになった （　　　　　）

給食は大好きなカレーだった （　　　　　）

帰宅後、宿題が大変だった （　　　　　）

夕飯の時、お手伝いをしてほめられた （　　　　　）

- たのしい
- うれしい
- 幸せ
- イライラ
- かなしい
- プンプン
- ショック

ポイント

1日の中でイライラすることもあれば、うれしいこともあり、時間とともに気持ちは変化していきます。同じ気持ちがずっと続くわけではありません。不快な感情が続くときは、思い切って別の行動をすると、気持ちに変化が起こります。

1 自分の感情に気づく

コラム ❶

しつけと感情

　子どもを注意する時は「できるだけ冷静に」と思いながらも、ついつい感情的に怒ってしまい、後から反省してしまうことがあります。子どもにこうあってほしいという願いや気持ちが高まって、その場しのぎで「ダメでしょ！」と子どもに強くどなると、子どもには理由よりも怒りの感情がクローズアップされて伝わってしまいます。

　また、怒りは、不満や不快なことがあってがまんができない気持ちを表しているので、子どもにとっては、「相手は自分のことがきらいなんだ」と思ったり、その時にどなられたことだけが強く心に残ってしまいます。例えば、「してはいけないと前にも言ったのに、なんでしちゃったの！」「何回言えばわかるの？」といった言い方は、感情的に子どもを批判していることになり、子どもの自尊心を傷つけてしまうかもしれません。そこで、

・「○○ちゃんの絵本を取ったら、△△ちゃんがとてもかなしむよ。前に本を取られた時にいやだったよね？」
・「ほかの友だちもこの絵本を見るから、棚に片づけてから帰ろうね」

といったように、子どもがしてはいけない行動と同時に代わりにできる行動を提案し、冷静に、子どもがわかる言葉でていねいに指摘することを心がけましょう。

　大人とはいえ、人間ですから、思わず感情的になってしまい、無意識に子どもをどなってしまうこともあります。そういう時は、一度深呼吸して自分を落ち着かせてみることも大事です。万が一、どなってしまってわるいと思った時には、あとで「どなってごめんね」と子どもにあやまり、やさしく抱きしめてあげましょう。

　大事なことは、子どもの気持ちに耳を傾け、その上で「何がダメな行動だったのか」「代わりにどのような行動をしたらよいのか」を子どもの目線に立って具体的に言い聞かせることです。

　感情的に怒ってしまう傾向がある人は、まず子どもと接する前に、自分の心の余裕を確かめる必要があります。家事や人間関係などでイライラしていないかをふりかえり、頭の中を空っぽにしてから子どもに向き合うのも一つの方法です。

② ほかの人の感情に気づく

12 友だちの気持ちを知る言葉を探そう

子どもを知るためのワーク

　自分自身に気持ちや感情があるように、友だちにも気持ちや感情があります。自分の気持ちを表すだけでなく、お互い気持ちよく過ごしていくためには、相手が自分とはちがう気持ちを持つということを知り、その気持ちを知ろうとすることが大切です。友だちの気持ちに気づいたり、推測したりしていく時に一番重要な手がかりになるのは、相手が言った言葉やしぐさです。

1. 友だちの誕生日パーティーです。どんな言葉をかけますか？

2. プレゼントをもらって真ん中の子はどんなことを言うでしょうか？

> **ワーク** 友だちはどんな気持ちになるかな？

❶ 今日は友だちのお誕生日です。○○さんはケーキが大好きで、今日の誕生日をずっと楽しみに待っていました。誕生日ケーキを見て、こんなふうに言っています。セリフごとにあてはまる気持ちを○で囲もう。

① わぁ！おいしそう！ ⇒（うれしい・ざんねん・その他（　　　））

② みんなで分けるの？ ⇒（うれしい・ざんねん・かなしい・その他（　　　））

③ これ、大好き！！ ⇒（うれしい・ざんねん・その他（　　　））

④ チョコレートケーキじゃないんだ・・・
　　⇒（うれしい・ざんねん・その他（　　　））

⑤ やったぁ！いただきます！ ⇒（うれしい・ざんねん・その他（　　　））

⑥ お誕生日って楽しいね！ ⇒（うれしい・ざんねん・その他（　　　））

❷ あなたが誕生日に言われたらうれしい言葉、ざんねんな言葉を書いてみましょう。

うれしい言葉

（　　　　　　　　）（　　　　　　　　　）

ざんねんな言葉

（　　　　　　　　）（　　　　　　　　　）

ポイント

日常生活の中で、友だちと意見がちがう場面があると思います。（△△くんはプラレールであそびたいけれど、□□くんはレゴであそびたい等）その際にお子さん同士の気持ちのちがいを説明してみてください。こうしたそれぞれの気もちの違いを知るうえで表情、しぐさ、声などがいろいろな手がかりになることに気づかせましょう。

2 ほかの人の感情に気づく

13 しぐさから気持ちを考えてみよう

子どもを知るためのワーク

　友だちの気持ちは言葉だけではなく、しぐさや表情からもわかります。
　うまく言葉で伝えられないと、泣いたり、怒ったりという形で表現してしまうことがあります。そういう友だちの気持ちに気がつき、寄り添う仲間がいると、安心します。ゲームをとおして友だちの気持ちを知るきっかけをつくります。

1. 友だちのしぐさを見て、思ったことを自分の言葉で言わせてみましょう。ジェスチャーをしている友だちの気持ちがわかったか考えさせます。

例）頭をかいている／ほおづえをつく

2. 同じしぐさを見ても、感じ方のちがう友だちがいるかもしれません。その友だちはどうしてそう思ったのかたずねてみましょう。

ワーク　ジェスチャーゲーム

❶ ジェスチャーをする子に、場面のカードを選ばせます。一言も言わずに身ぶり手ぶりでそのシーンを演じます。

> ルール　しゃべらない。

例）

例①
お母さんに怒られたので、泣いている。

例②
大好きな絵本を買ってもらってうれしい。

例③
友だちにおもちゃをとられたから怒っている。

❷ ほかの友だちはジェスチャーを見て思ったことを言葉で言います。

例）①なんか悲しそう　②買ってもらったのかな？　③けんかしてるみたい

❸ コーディネート役は、「そうだね」「それはなぜ？」「惜しい」とアドバイスします。

❹ 正解に近づいたところで「お母さんに怒られたから泣いてる。でいいですか？」と演技している子にたずねて、大きな丸を両手で作ったら終了します。

ポイント

- 泣いている、怒っているという行動には必ずそこに至る経過があります。うまく言葉にできなかったり、言葉にしたくないこともあります。
- クラスの中のトラブルを話し合う時、ジェスチャーゲームにして表現することで、子どもたちが客観的に考えるきっかけにもなります。先生が演技者になる方法もあります。

14 相手の気持ちを声で知る

子どもを知るためのワーク

　気持ちによって声のトーンは変わります。言葉が同じでも気持ちがちがうことを場面の中で知らせていきましょう。相手が怒っている時、声のトーンはどうなるでしょうか。うれしいとき、かなしいときなど、その時々での相手の声をよく聞くことで気持ちに気づくことができます。同時に自分の気持ちによって声が変わることにも気づかせていきましょう。

　砂場でスコップを貸してもらおうとしたら、「いや！！」と強く言われてしまいました。

1. 「いや」と言った子はどんな気持ち？　選択肢から選んでみよう。

　　かなしい　　　イライラ　　　うれしい　　　さびしい

2. 貸してほしい子はどんな気持ち？　選択肢から選んでみよう。

　　かなしい　　　イライラ　　　うれしい　　　さびしい

ワーク 声の調子から考える

これから「おはようございます」をいろいろな調子でレコーダーに録音したものを聞いてもらいます。それを聞いてどんな気分か想像してみよう。

❶ 録音する声は、怒った感じ、かなしい感じ、うれしい感じ、など、感情を込めた声になるように強調します。

❷ それぞれの声を聞いて、思ったこと、感じたことを自由に発表します。

例）怒っているみたい。言われていやな気持ちになる。どうしたのかなと思う。など

❸ 相手の声から気持ちを感じとれるか挑戦し、それぞれの調子で言われたらどう行動するか話し合う。

例）怒ってるの？って聞く。もっとやさしく言ってって言う。怒ってるように聞こえてびっくりしたよと言う。など

ポイント

- 「声」には感情や気持ちが出やすく、相手の気持ちを知る手がかりになります。
- 同じ言葉でも声のトーンによって感情がこめられることを場面の中で感じとらせていきます。よく「空気を読む」と言いますが、経験の少ない子どもにとってそれは大変なことです。
- 言葉とともに表現されるしぐさや表情、手の動きなどからじょじょに手がかりをつかんでいきます。

2 ほかの人の感情に気づく

15 不快な気持ちってなに？

子どもを知るためのワーク

　うまくいかない時、困った時に言葉で伝えたり、助けを求めたりできずに泣いたり、物に当たったりして気持ちをコントロールできないことがあります。

　そんな時、どうしたらよいのでしょうか。困った時はしっかりと困った顔をして周りの人に気づいてもらうことも大事なことです。

　怒ってる顔、泣いてる顔をお互いに見せ合い、他人の感情を考えるきっかけにします。友だちが、怒っている時・泣いている時の顔を思い出してみましょう。

1. 友だちの怒っている時のしぐさや顔の特徴を考えさせます。

　

2. 友だちのかなしい時のしぐさや顔の特徴を考えさせます。

ワーク 怒った顔、泣いた顔

❶ 「おこりんぼ福笑い」をしてみましょう

①友だちの怒った顔を見よう。だれが一番怒っているかな？
②怒った時の顔ってどんなかな
　「目が上がってる」「口が一本棒になってる」「息がふんってなってる。」
　もっともっと怒った顔をしてみよう

③福笑いのパーツを用意し、一番怒っている顔を作ってみる

❷ 「かなしそうチャンピオン」を決めはげまそう

①友だちの泣いた顔を見よう
　泣いている時の顔ってどんな顔？
　「えーんって言ってる」「涙が出てる」「下を向いている」
　もっともっと泣いてみよう。　だれが一番かなしそうかな？

②「かなしそうチャンピオン」を決めます

③「かなしそうチャンピオン」をはげます言葉を考えよう
＊「かなしそうチャンピオン」さんにどういう言葉をかけられた時うれしかったか聞き、話し合います

ポイント

　気持ちを表現する方法はいろいろありますが表現の仕方は人によってさまざまです。とくにネガティブな感情は、人前で見せるとかっこわるいと思い、泣きたい気持ちをじっとこらえている、震えるほど怒っているけどがまんしている場合もあります。不快な感情を表すのはわるいことではないという認識を持ち、感情をコントロールする方法や、解決策を考え合う大切さに気づかせましょう。

16 みんないろんな気持ち

子どもを知るためのワーク

　今日は待ちに待った運動会！走るのが大好きなAくんは、かけっこで一番をとりました。ニコニコ笑顔で「やった！やった！」とジャンプしています。

　でも周りを見てみたら、かなしそうな子がいます。子どもに場面を説明していっしょに気持ちを考えてみましょう。

1. 1位になった時の気持ちに○をつけます。

   | うれしい | かなしい | たのしい | はずかしい |

   | くやしい | がっかり | よかった |

2. 負けたときの気持ちに○をつけます。

   | うれしい | かなしい | たのしい | はずかしい |

   | くやしい | がっかり | よかった |

ワーク 同じ場面でもちがう気持ち

友だちの表情からどんな気持ちかを考えてみよう！
絵と文を線でつなぎましょう。

気持ち

 ● ● これがおわればお弁当だ〜！

 ● ● 早く得意な競技の時間にならないかな

 ● ● がんばって走ったのに転んじゃった。

 ● ● 走るの苦手なんだよね。やだなあ

● ● あの子すごく足速いねー！

ポイント

　同じ場面でも、それぞれの子どもがいろいろな気持ちを感じています。特に、勝ち負けが伴う場面では勝って喜んでいる子がいる一方で、失敗してかなしい思いをしている子がいます。どんな結果であっても、その時に感じた気持ちを十分に味わっていくことが大切です。その際、大事な場面でよい結果が出せることはすばらしいことですから、しっかりと評価してあげましょう。一方で、思うような結果が出せなかったとしても、練習の時よりも強い気持ちで取り組んだ勇気、失敗しても最後まで諦めなかった努力、それぞれの気持ちに気づき、認め合う関わりが重要です。

2 ほかの人の感情に気づく

17 気持ちには強い・弱いがある

子どもを知るためのワーク

　怒りといっても、強く怒ってしまうこともあれば、なんとなくモヤモヤしている時もあります。同じ気持ちでも、強弱があるのです。気持ちの強弱に気づくと、どのように表現し相手と接すればよいか考える手がかりになります。その時、気持ちの強弱を数字で表す方法があります。

①上のイラストで、Aくんのイライラの強さはどれぐらいだと思いますか？ 温度計に色をぬってみましょう。

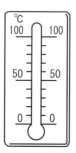

②Bちゃんのイライラの強さはどれぐらいだと思いますか？ 温度計に色をぬってみましょう。

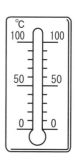

ワーク 気持ちの温度計

❶ はるおくんは、ずっと前から犬を飼いたがっていました。
「誕生日に犬をもらったんだよ！」と話しかけてきました。

・はるおくんはどんな気持ちですか？
　その気持ちの強さは？

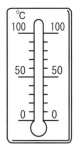

❷ 給食の時、あきこちゃんがカレーのお皿を落としてしまいました。お皿は割れ、カレーも床にこぼれました。

・あきこちゃんはどんな気持ちですか？
　その気持ちの強さは？

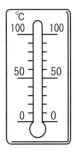

ポイント
・気持ちの強さは、表情や体のしぐさからも想像することができます。ワークでは、イラストの表情や体のしぐさも参考にして、考えるようにしましょう。
・人によって、感じる気持ちも強さもさまざまで、正解がないことに気づかせましょう。
・いやな気持ちが大きくなる前の小さいうちに気づくメリットを伝えましょう。

2 ほかの人の感情に気づく

18 友だちのよいところを探そう

子どもを知るためのワーク

　Aくんは、いつもは仲良しのBくんと、学校の帰り道にケンカをしてしまいました。ケンカのあと、AくんはBくんと口もきかず家へ帰ってきましたが、心の中はモヤモヤしたままです。

　このようにケンカしたばかりの時は、お互いに不満や怒りの感情を抱いていますが、時間が経つと心は落ち着き「まあ別にいいか」「また仲良くしたいな」という気持ちになり、友だちのよいところが見えてきます。

1. 昨日のAくんはどんな気持ちでしょうか？　○で囲んでみよう。

| Bくんなんて大きらい | これからはほかの子と遊ぼう |
| Bくんと仲直りしたいな | 自分の方がぜったい正しい |

2. 今日のAくんはどんな気持ちでしょうか？　○で囲んでみよう。

| Bくんなんて大きらい | これからはほかの子と遊ぼう |
| Bくんと仲直りしたいな | 友だちの言うことも本当だ |

ワーク 友だちのいいところをメッセージに

人の気持ちはだんだん変化していくものです。いやなことやモヤモヤするできごとがあったあとで、このような気持ちの変化を認め合うためには、日頃から友だちのよいところを伝え合うことが大切です。互いの存在に敬意を払って、信じ合っていけるように促します。

① クラスの友だち全員分のカード、あるいは原稿用紙と、各自お手紙を入れる箱を用意します。

② 友だちひとりにつき1枚を使って、「普段から感じている、ありがとうの気持ち」、「すごいなと思うところやよいところ」などを、心を込めてていねいに書きます。

③ クラスの友だち全員分を、全員が書き終わったら、友だちの机の上に置かれたお手紙を入れる箱に入れます。

④ クラス全員が、全員分のお手紙を配り終えたら、自分に届いたお手紙を読みます。

⑤ お手紙を読んだ感想を話し合います。

ポイント

- これまでの友だち同士の関わりの場面を思い出しやすくするため、生活の中のできごとや経験した行事について具体的に例をあげて話してから手紙を書かせます。
- 面と向かって言えないことも、「お手紙」で友だちに自分の気持ちを伝えることがしやすくなり、友だちを励ましたりすることができます。
- やさしい言葉をかけてもらう活動を通して、自分はこれでいいんだという自己肯定感の高まりにつなげることができます。
- 友だちから何か言ってもらうのを待つだけではなく、自分から「どうしたら友だちと仲良くできるか」、「友だちを元気にできるか」ということに気づくと、周囲との関係を良好に保つことにつながります。

19 周りの人が困っていたら

> 子どもを知るためのワーク

　Aくんは、学校から帰った後、歯医者へ行くためにお母さんとバスに乗りました。空いていたので、Aくんはお母さんと席に座ることができました。しかし、そのうち混んできて、3つ目のバス停では、松葉づえをついた男の人が乗ってきました。男の人は、空いている席を探しているようです。

1. 松葉づえをついた男の人はどんな気持ちでしょうか？　あてはまるものを○で囲んでみよう。

   - 足が痛いな
   - バスが揺れたら困るな
   - 席が空いていたらいいな

2. Aくんはどんな気持ちでしょうか？　あてはまるものを○で囲んでみよう。

   - ぼくが先に座っていた席だから、このまま座っていよう
   - だれか、席をゆずってあげればいいのに
   - 立っているのは大変だろうから、ぼくの席に座ってもらおう

ワーク 「ジェスチャー伝言ゲーム」

人のふるまいを見て、どんな様子か予想するワークです。実際にだれかが困っている場面で、自分にどんなことができるか考える練習になります。

① 4～5人のチームをつくります。チームごとに列になります。並び順はチームで話し合って決めます。先頭の人以外は後ろ向きに座ります。

② 先頭の人は司会者のところに行き、お題（困っている場面）が書かれた紙を見ます。
場面例／箱が重くてひとりで持てない、走っていて転んだ、おなかが痛い、字を書いていて間違えた、給食をこぼした

③ お題を見た後、各チームに戻り2番めの人の肩を叩きます。

④ 2番目の人がふりかえったら、先頭の人は声を一切出さずに、身振り手振りでお題に書かれた内容を伝えます。何回繰り返してもかまいません。

⑤ 2番目の人がわかったと思ったら、3番目の人の肩を叩きます。

⑥ これを繰り返し、最後の人まで伝わったら最後の人はお題に対してかけたい言葉を考えます。そして最後の人は先頭の人に声をかけます。最初の人が見た困った場面への対応としてマッチしているかチームで話し合います。

ポイント

- 公共の場所では、松葉づえをついている人だけではなく、お年寄り、体調がわるそうな人、妊娠している人など、席に座れないと困る人を見かける機会があるでしょう。相手が「席をゆずってください」と言わなくても、「この人は困っているかもしれない」という想像力と気遣う心を育てたいものです。
- 知らない人に話しかけたり、手を差し伸べたりすることは、最初は「はずかしい」と思うかもしれませんが、ちょっと勇気を出すことで「自分も人の役に立つ」という経験になります。

2 ほかの人の感情に気づく

20 友だちの気持ちに寄りそう

子どもを知るためのワーク

　仲のよい友だちとケンカをしてしまうと、かなしくなったりどうしたらいいのかわからず困ってしまったりすることがあります。そんな時、友だちからあたたかい言葉をかけてもらうと、気持ちが楽になって、前向きになれます。

1. 友だちとケンカをしてしまったら、あなたはどんなきもちになりますか？

　　　かなしい　　　　　　　　　　　ゆるせない

　　　仲直りできるか心配　　　　　　もう会いたくない

2. どんな言葉かけをしてもらったら気持ちが楽になるでしょうか？

例)「ケンカしちゃって、かなしいよね」
　　「なんで、そんなこというのって思うよね」
　　「いつでも話を聞くから」

ワーク こんな時どう声をかける？

1. 表情と場面がかかれたカードを用意します。
   例）かなしい顔、はずかしい顔、怒った顔、困った顔、うれしい顔
2. イラスト1枚をえらび、その子の気持ちに寄り添ってかける言葉を考えて発表します。
3. その言葉は、どのカードの子にかけたのか当てっこしてみましょう。

友だちとケンカしちゃった

運動会のかけっこで転んだ

悪口を言われた

計算問題をどうやるのかわからない

クリスマスプレゼントをもらった

ポイント

- 相手の気持ちに寄り添った言葉かけをするには、まず相手がどんな気持ちなのかを理解しなければなりません。それには、言葉に加えて表情やしぐさを観察することが役に立ちます。
- 日常生活の中で、大人に自分の気持ちに寄り添ってもらい、わかってもらえた気持ちになる経験が、友だちの気持ちに寄り添おうとする気持ちを育てます。ケンカをしたという状況から「仲直りをしようね」とやるべきことについて言葉をかけるのではなく、「仲直りできるか心配だよね」と気持ちに焦点をあてた言葉がけをしてみましょう。

21 友だちと仲良くなれる言葉

子どもを知るためのワーク

　自分が得意なことやがんばっていることを友だちや家族にほめてもらえると、うれしくて気持ちがよくなります。このような相手の存在や価値を認めるための言葉や態度は、お互いの関係を心地よく豊かなものにしてくれます。

1. 子どもたちに、どんなよいところやがんばっていることがあるか書き出させます。

   _____
   _____
   _____

2. 得意なことやがんばっていることをほめてもらえたら、どんな気持ちになるか考えさせます。

   | うれしい | その子が好きになる | ほっとする | てれくさい |

   | わかってもらえたと思う | もっとがんばろうと思う | |

ワーク1　いろいろなほめ言葉

読んだり聞いたりしていいなと思った言葉を書いてみよう。

① ほめる言葉にはどんなのがあるかな？

自分がかけられてうれしかった言葉

| すごい | よくできてるね | じょうず〜！ |

| 一生けんめいやったね | わたしもそうなりたいな |

ワーク2　友だちのいいところをほめてみよう

① カードの空いているところに名前ややっていることを書き入れましょう。
② 子どもにできるだけたくさんのカードを書いて友だちに渡すように促す。
③ 自分がもらったカードに対して、気持ちを書いて返事を渡しましょう。

ポイント

- 友だちをほめる時は、相手を認める言葉をあたたかい態度で伝えます。具体的には、笑顔で、相手を見ながら、明るい声で話すことで、お互いの関係が豊かであたたかいものになります。
- 大切なのは、ほめるということを通して相手に肯定的なコミュニケーションを図ることです。友だちに言われてうれしくなったりたのしくなったりする肯定的なコミュニケーションと、かなしくなったりいやな気分になったりする否定的なコミュニケーションとを比較しながら、そのちがいを教えます。

コラム ❷
読書と感情

　絵本には人とのやりとりや心をゆさぶるできごとがいろいろ登場します。読み聞かせしてもらったり、自分で本を読んで参考にしたりすることで、子どもたちはじょじょに感情をうまく調整したり表現したりできるようになります。それは、読書が語彙力や言葉による表現力を豊かにしてくれるからです。そうした力がつくと、自分の心の中に生じている、自分でもよくわからない気持ちを、言葉で整理することができます。やがて、感情が起こった原因を推測したり、対処法を考えたりすることができるようになります。

　歌人の穂村弘さんの面白いエピソードがあります。エスカレーターを大きな靴音で降りていく女性たちに彼はイライラしていたそうです。しかし、知人から、それは彼女たちが履いているサンダルの構造上どうしようもないので、そうした女性を「カスタネットガール」と呼ぶことを教えられます。すると、彼女たちの靴音を面白く感じるようになったそうです。このように一つの造語でも気持ちは変わります。たくさんの言葉と感情を子どもたちの心の内に育てるために絵本や本にふれる機会をどんどん増やしたいものです。

　さらに、多くの物語を知ることも大切です。作家の赤川次郎さんは、「読書とは、人生の予防接種」だといいます（『イマジネーション』より）。体験したことがないできごとでも、読書の中でさまざまな物語に出会っておくと、現実にそれが起きた時に、すでに免疫ができているということです。赤川さんが失恋した時、小説の中で読んだものと全く同じ気持ちになったそうです。読書による予行演習で、失恋しても冷静でいられ、小説のすごさに感心するほどの余裕までできたのですね。

　寝る前の時間に、大人たちは絵本などでお話を聞かせます。それは子どもたちが気持ちよく眠りにつきやすくするだけでなく、心に多種多様な人生の「免疫」をつけているのです。しかも予防注射のように痛くはありません。

③ 自分の感情を調整する

22 どうして気持ちを調整しないといけないの？

> 子どもを知るためのワーク

　気持ちが高まりすぎると、つい行動やリアクションが大きくなってしまいます。喜びの表現は自分も周りもハッピーにしますが、いつまでも続けていると、周りの人が不快になることがあります。不満や怒り、おそれの気持ちも同様です。周りとのズレが大きくなると、自分が友だちから受け入れられない、先生にもわかってもらえないという気持ちが生まれてしまいます。

こんなとき、あなたはどうなりますか？　あてはまるところに○をつけましょう。どれにもあてはまらない時は、（　　　）の中に書きこみましょう。

- とても楽しくなった時

| 声が大きくなる | 笑いがとまらない | 体が動いてしまう | （　　　　） |

- とてもイライラした時

| どなりまくる | 物をこわす | だれかをたたく | （　　　　） |

- とてもこわくなった時

| 声を出して泣く | その場からにげる | だまっていられない | （　　　　） |

ワーク 大調査「友だちがこうだったらどう思う？」

あなたの友だちが、下の表の行動をとったらあなたはどう思うかな？
4つの中からあてはまるところに○をつけましょう。

1	先生にさしてもらえないと、えんぴつでつくえをたたく （その子とあそびたくない・いやな気分・気にしない・いいと思う）
2	テストで100点をとり、教室の中を歌を歌いながらスキップしてまわる （その子とあそびたくない・いやな気分・気にしない・いいと思う）
3	トランプで負けた子が、カードをほうり投げてどこかへ行ってしまった （その子とあそびたくない・いやな気分・気にしない・いいと思う）
4	歯医者さんで、となりのしんさつだいの子が、「こわい～!!」と泣きわめいている （その子とあそびたくない・いやな気分・気にしない・いいと思う）
5	混んでいるくつばこで、ぶつかってしまったら、パンチしてきた （その子とあそびたくない・いやな気分・気にしない・いいと思う）

★みんなはどう思っているのかな？　結果発表をお楽しみに！

ポイント

- 調査の項目は、子どもの生活を元に取材すると実態に合った内容を組み込むことができ、より自分への気づきを促すことができます。大人も子どもの理解の様子を知ることができます。
- ただし、調査の項目が特定の個人を連想させるものであったり、最近のエピソードを元にしたものであったりすると、その子どもの自己肯定感が低下する心配があります。どこにでもありがちな場面であることを伝えたり、項目に脚色を加えたりする工夫が必要です。
- 気持ちの調整が難しい子の中には、「迷惑をかけているわけではない！」と考える子もいます。周りからの見方を紹介し、気持ちを調整する必要性に気づかせます。

23 小さなイライラをはきだそう

子どもを知るためのワーク

　人の心は気持ちを入れておくコップのようなもので、ひとりひとり大きさがちがいます。ひとつの大きな怒りでコップがいっぱいになってしまうこともありますが、小さなイライラがたまっていって、いっぱいになってしまうことが多いのです。

こんな時、あなたのイライラの大きさはどのくらいですか？
あてはまるところに○をつけましょう。

・今日は荷物がたくさんあって、学校まで歩くのが大変

すごくイライラする　　　　ちょっとイラッとする　　　　気にならない

・ブランコで順番待ちをしてならんでいたら、横入りをされた

すごくイライラする　　　　ちょっとイラッとする　　　　気にならない

・給食で、大好きなスープが、となりの子よりも少ない

すごくイライラする　　　　ちょっとイラッとする　　　　気にならない

ワーク イライラコップ

❶ 次の1～10の話を聞いて「自分ならイライラするな」と思ったら、紙を丸めてボールをつくり、コップに入れよう。

①早起きしてゲームをやろうと思っていたのに、ねぼうした
②石につまづいて、転びそうになった
③朝自習で配られた計算プリントのはしっこが破れていた
④国語の音読で間違えて、友だちに笑われた
⑤体育の時間に、整列していたら前の子に足をふまれた
⑥給食で苦手なメニューが出た
⑦ドッジボールで友だちに当てたのに、その子が外野に出ない
⑧友だちに「今日、あそべる？」と聞いたら、「ムリ」と言われた
⑨お母さんに「宿題やったの？」と何度も聞かれた
⑩弟におもちゃをとられた

＊透明なプラカップを使うとどれだけ紙がたまっているかが見やすくなります

❷ コップがいっぱいになってしまったら、ムリに押し込まずに、中に入っているボールを出して、新しいボールを入れよう。

ひとつひとつのボールは小さくても、たくさんたまると、コップがいっぱいになることを実感させます。
コップいっぱいになるまで大きくなった怒りをコントロールすることはむずかしいけれど、小さなイライラを少しずつコップの外に出していく方が解決しやすいことに気づかせます。

ポイント

・同じできごとでも、イライラしてしまう人とそうでない人がいます。
・大きなイライラに対応するためには、小さなイライラを心の外に出していくのが重要であることに気づかせます。
・心がイライラで爆発しないよう、前もってゆとりを作るようにすると、突然大きなイライラがやってきても、対応できることが増えていきます。

24 イライラをコントロールするスキル

子どもを知るためのワーク

　怒りの感情はだれでもが持っているもので、それ自体はわるいわけではありません。「怒りんぼう」は、エネルギッシュで正義感が強い子が多いものです。問題なのは、周りから「いやだ」「迷惑だ」と思われるような方法で怒りを解消することです。

1. あなたは、どんな時に、イライラしたり怒ったりしますか？

2. イライラしたり怒ったりするとどうなりますか？　あてはまるものに○をつけましょう。どれにもあてはまらない時は、（　　　）の中に書きこみましょう。
（顔に力が入る）（体があつくなる）（あせをかく）（手足がふるえる）（ドキドキする）
（おなかが痛くなる）（体のどこかが動いてしまう）（大きな声を出す）
（だれかをたたく）（　　　　　　　　）

3. そのことによって、これまでにどんな困ったことがありましたか？

4. どうしたらイライラをコントロールできると思いますか？

ワーク　さらばイライラどーんジャンケン

❶ 2つのチームに分かれて陣地からルートを進んでいき、「どーん」と出会ったところでジャンケンをします。

❷ ジャンケンに勝ったらカードをひきます。
カードには場面設定とイライラ度（大中小）、その解消法が書いてある。

> **大**…グーパーを10回続けよう。
> **中**…つぶやきワード
> 「イラつく！」「くっそー！」「あー！」
> の中からひとつをつぶやこう。
> **小**…深呼吸をしよう。

❸ ジャンケンに負けた人は、相手のアクションを見て、「OK！」のサインを出す。

❹ 勝った人は先に進むことができ、負けた人のチームは次の人が出発する。

❺ 相手の陣地まで進むことができたらポイントかくとく。

ポイント

- 怒りの感情は体の中のエネルギーが高まった状態なので、体を動かしてそのエネルギーを消費させることが有効です。顔に力を入れる、ジャンプするなど、その子に合わせた解消アクションをやらせてもよいでしょう。
- つぶやきワードは、子どもの日常生活に取材して、イライラしている時につぶやくもの、学級集団の中で許される範囲のものをえらびます。行き過ぎたつぶやきは自分にも相手にもよくないことに気づかせましょう。
- ゲームに慣れてきたら、勝ってカードをひいた人は、自分なりのイライラ度『大』『中』『小』を決め、それに対応した解消法をしてもよいです。

25 ドキドキを小さくするために

子どもを知るためのワーク

　発表やテストのような「ここ一番！うまくやらなくちゃ」と思う場面で、あがってしまう子がいます。適度な緊張は実力を発揮することにつながりますが、緊張しすぎると心の余裕がなくなり、うまくいきません。こんな時、緊張のレベルを下げてくれるのが、リラックスです。

こんな時、あなたはどんなふうになりますか？　いくつでもよいので下の［　］からあてはまる番号を書いてください。

①もうすぐ、本読みの順番が回ってくるぞ

（　　　　　　　　　　　　　　　　　　　　　　　　　　　　　）

②今日は運動会。かけっこは何位になるかな

（　　　　　　　　　　　　　　　　　　　　　　　　　　　　　）

③初めて行くところに、ひとりで、バスに乗って行かなくちゃいけない

（　　　　　　　　　　　　　　　　　　　　　　　　　　　　　）

［①ドキドキする　　②びんぼうゆすりをする　　③あせが出てくる　　④のどがかわく
　⑤トイレに行きたくなる　　⑥おなかがいたくなる　　⑦何も変わらない］

ワーク1 ドキドキを小さくするために

イメージ・トレーニングをしてみよう。

自分がうまくできているところを想像する

周りの人が野菜になっているところを想像する

ワーク2 ボディ・トレーニング

リラックスするために軽い動きや体操も有効です。どんな姿勢でもできるのでやってみましょう。

1. 4秒間、おでこや鼻にしわを寄せるように力を入れた後、力をぬく
2. 4秒間、肩を耳に近づけるように力を入れた後、力をぬく
3. 片手ずつ、4秒間、ぎゅっと握った後、力をぬく
4. 4秒間、つま先まで力を入れてのばした後、力をぬく
5. 深呼吸（5秒吸って、5秒止め、8秒で吐く）

ポイント

- あがってしまう状態では、不安に対してもエネルギーを使うため、本来の課題をやり遂げるためにエネルギーを使うことができなくなっています。
- 「自分がうまくできている」「成功してうれしい気持ちになっている」というイメージを持つことで「不安」を小さくすると、本来の力を発揮できるようになります。

26 こわくてたまらない時のおまじない

子どもを知るためのワーク

「こわくてこわくてたまらない」は、だれにでもある本能的な気持ちです。その気持ちがあるから、危険を回避できたり、トラブルを小さいうちに解決できたりするのです。慎重さは宝物です。でも、なんとかしたいなと思っていることがあるなら、そのこわさを退治する方法を身につけましょう。

1. あなたがこわくてたまらないことは、どんなことですか？（いくつでも可）
 ほかにもある場合は、空欄に書きこみましょう。

 □おばけ　　　□歯医者　　　□初めてのこと　　　□初めての場所
 □虫　　　　　□暗やみ　　　□ちゅうしゃ　　　　□とびばこ
 □高いところ　□顔を水につけること　　□わすれものを先生に言うこと
 □テストが返ってくる時　　□ひとりのるすばん
 □（　　　　　　　　　）　□（　　　　　　　　　）

2. 1.で○をつけた中で、あなたがどうにかしたいな、と思っていることに大きく◎をつけましょう。

ワーク1　こわさレベルをしらべよう

こわいことを書いて1～5までのレベル分けをしましょう。レベル5：めちゃくちゃこわい、レベル4：けっこうこわい、レベル3：こわい、レベル2：ちょっとだけこわい、レベル1：たいしたことないけどこわい。

（こわいこと）
(　　　　　　　　　　　　　)　レベル〈 　　　 〉
(　　　　　　　　　　　　　)　レベル〈 　　　 〉
(　　　　　　　　　　　　　)　レベル〈 　　　 〉
(　　　　　　　　　　　　　)　レベル〈 　　　 〉
(　　　　　　　　　　　　　)　レベル〈 　　　 〉

ワーク2　自分だけのとっておきのおまじない

こわいことが起きた時、逃げる・助けを呼ぶなどの行動がとても大事です。自分で、なんとかできそうなレベル1とレベル2のこわいことについて、おまじないを考えてみましょう。

◎好きな歌を歌う
♫♩♫♪～
♪♫♩♫♪♬～

◎好きなことを3回言う
ポケモン・ポケモン・ポケモン

◎だじゃれを言う
布団がふっとんだ

なんじゃらもんじゃら
◎なんだか笑えることば

赤ちゃんおばけ
◎こわいものをキャラクターにみたてる

こわいのこわいの飛んでいけ
◎お母さんのおまじない

おまじないがなかなか思いつかない子どもには、好きな歌やキャラクターをたずねて、ヒントにします。紙に書いて貼ったり、お守りにすると思い出しやすいでしょう。

ポイント

・こわいものは人それぞれです。自分でなんとかしたいなと思っているのにできないと、自分のことを弱い人間だと考え自己肯定感が下がってしまいます。こわいと思う気持ちはだれにでもあり、必要な気持ちなので、こわいことがあってもわるいことではないということを教えます。
・こわくてもがまんさせるのではなく、その子が生活をしていくうえで、支障になっていると感じているこわさについて理解して対応します。

27 「ごめんなさい」をじゃまする気持ち

子どもを知るためのワーク

「あやまらなくちゃ」と思っても、怒られるのがこわかったり、タイミングをのがしたりしてあやまれないことがあります。すぐにあやまれないと、わるいことをしてしまったことに加えて、あやまりたいけどあやまれないモヤモヤした気持ちに、悩まされてしまいます。

1. 自分の作品がこわされた時、友だちがあやまってきたらあなたはどう思いますか？ 下の［　］からあてはまる番号を書きましょう。
どれにもあてはまらない時は、空欄に書きこみましょう。
（　　　　　　　　　　　　　　　　　　　　　　　　　　　）

2. 自分が友だちの作品をこわしてしまったあと、あやまれたら、どうなりますか？
（　　　　　　　　　　　　　　　　　　　　　　　　　　　）

［1］よかったと思う　　［2］言わなきゃよかったと思う　　［3］怒られないかこわい
［4］ほっとする　　［5］ゆるしてもらえると思う

ワーク あやまるところを見て、まねしてみよう

❶ 大人のロールプレイを見る
　Ⓐあやまらないまま次の日にもちこして、モヤモヤしているケース
　Ⓑ失敗をして、すぐにあやまり「いいよ」と言ってもらいすっきりするケース

❷ 自分の体験を思い出してあやまりのセリフを考えて紙に書く

❸ ひとりで心の中で言ってみる

❹ だれかといっしょに声に出して言ってみる

❺ だれかに相手になってもらいロールプレイをする

❻ ロールプレイをした感想を話し合う

☆思い切ってあやまってみたら、どんな気持ちになったかな？

子どもによっては、❸❹は省いたり、❺に移る前に、ぬいぐるみなどを相手にやってみたりしてもいいでしょう。大人が、自分があやまれたりあやまれなかったりする経験を話すことも効果があります。だれにでも失敗はあるもの、そのあとどうしたかが肝心ということに気づかせます。

ポイント

- あやまれない理由は、子どもによってさまざまですが、あやまってもやったことを怒られたり非難されたりすると考え、あやまれない場合があります。失敗したことよりあやまれたことに注目し「正直に言えたね」と評価することが大事です。
- 「ごめんなさい、すぐに言ったら仲直り」という格言づくりをクラスで楽しみながら行い、コンテストをしたり、教室に貼っておくという方法もあります。
- どうしても面と向かってあやまれなかったり、普段から口数が少なく話すことに緊張する子どもには、手紙を書くなどの方法を提案します。
- 大人がちょっと後押しして、早めにあやまれるようにすると、あやまってすっきりした経験が自分からあやまろうと思うことにつながります。

3 自分の感情を調整する

28 がまんする力をつける

子どもを知るためのワーク

だれにでも、「がまんなんて無理！」と思うほど強い気持ちになる時があります。でも、自分はがまんなんてできない、と思い込んでいるだけで実際はがまんしているかもしれません。がまんしている自分をイメージして、どうしたらがまんできるか考えてみましょう。

経験したことがあるものに丸をつけさせます。

(　　) 友だちのやりたいあそびに合わせてあそんだ
(　　) ブランコに乗りたいけど、ほかの子が使っていたから、並んで待った
(　　) 先生に質問があったけど、先生の話が終わるのを待ってから聞いた
(　　) テレビを見たいけど、先に宿題をした
(　　) 妹と見たいテレビ番組がちがったけど、ゆずった
(　　) おしゃべりしたいけど、図書室の中では静かにしていた
(　　) 3種類のお菓子、どれも食べたいけど、1つえらんだ

> 子どもに合わせて選択肢をかえ、普段自分ががまんできていることに、気づかせます。

ワーク やりたい気持ちはどのくらい？

❶ 友だちとあそぶ時に、自分がやりたいあそびをいくつか考えてみよう。
　1番目（　　　　　　　　　　　）
　2番目（　　　　　　　　　　　）
　3番目（　　　　　　　　　　　）

❷ それぞれのあそびをしたい気持ちは、どのくらい大きいかな？　○の中を色分けしてみよう

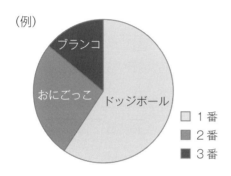

❸ 気持ちを相手に伝えよう
1番目のあそびができたら⇒「ゆずってくれてありがとう」と言う
2番目のあそびになったら⇒「明日は、ぼくの好きなあそびにしてね」と頼む
3番目のあそびになったら⇒「ぼくってどんなあそびでも楽しめるあそび名人だ」とじまんする

あそびの選択肢を大人が用意したり、今日のおやつをえらぶという方法もあります。1番はがまんできたね、とあまりいやな思いをせずにがまんする経験を積みます。

ポイント

- ただ「がまんしなさい」では、どうしてがまんしなくてはいけないのかわからなかったり、「がまん」＝「いやなこと・つらいこと」になってしまったりします。
- やりたいことをがまんできたら、ポイントをもらい、ポイントの数だけ自分のしたいことをできるしくみもあります。「後のごほうびを楽しみにがんばることができた」という自信を経験させます。

3 自分の感情を調整する

29 ものの見方を変える リフレーミングの方法

子どもを知るためのワーク

だれにでもコンプレックスや苦手なことがあります。でも、いつもダメだと落ちこんでいたり、いやなことばかり気にしていたりすると、どんどん気持ちがしずんでいってしまいます。気になるところや苦手なことを見方を変えて、よいところや得意なことに変身させてみましょう。見方の枠組みを変えることを「リフレーミング」といいます。

次の言葉は右のどんな言葉にリフレーミングできるかな？

おこりっぽい	じっくり考える
落ちつきがない	元気がいい
すぐにきめられない	正しいことが好き
だらしない	いろいろなことに興味がある
うるさい	おおらか、こまかいことは気にしない
わがまま	きけんなことがわかる
こわがり	自分の意志を持っている

ワーク 変身！気になるところはよいところ

❶ あなたの気になるところや苦手なことは何ですか？　どんな時にそう感じますか？

〈苦手なこと〉 ☐

〈どんな時〉 ☐

❷ ❶であげたことを、友だちからリフレーミングしてもらおう。
用意するもの：①苦手カード（自分用）
　　　　　　　②リフレーミングカード（友だち用）　＊①と②は表裏にするとよい
　　　　　　　③みんなのことばカード（自分用）

①自分の気になるところや苦手なことを書いてみよう。

②友だちによいところや得意なことに変えてもらおう

③友だちからリフレーミングしてもらった言葉を書き入れよう。

　自分の気になるところや苦手なことが、よいところや得意なことに変身したよ！
グループでカードを見せ合おう。

リフレーミングの考えが身につくと心に余裕を持って人と接することができます。子どものよい点を見つけ引き出すことができます。

3 自分の感情を調整する

30 立ち直る力（レジリエンス）をつける

子どもを知るためのワーク

　うまくいかなかった時にどんな気持ちになるでしょう。「もうできない」とあきらめますか？「また失敗しちゃうかも」と不安になりますか？「だれかがわるい」と思いますか？
　くじけそうな時に気持ちを前向きにする力をレジリエンスといいます。レジリエンスを育む方法を身につけましょう。

気持ちを前向きにする魔法の言葉はありますか。
あなたはどんな言葉を使いますか？

- 「ドンマイ！気にしない、気にしない」
- 「だいじょうぶ、だいじょうぶ」
- 「まっ、いいか」
- 「なんとかなるさ」
- 「次はがんばろう」
- 「よ〜し！やってみよう」
- 「これは自分へのチャンスだ」
- 「次はきっとうまくいくよ」
- その他（「　　　　　」）

ワーク 自分が持っている力を見つけよう

自分のことをふりかえって、よいところやできることを
下のクローバーの中に書いてみよう。

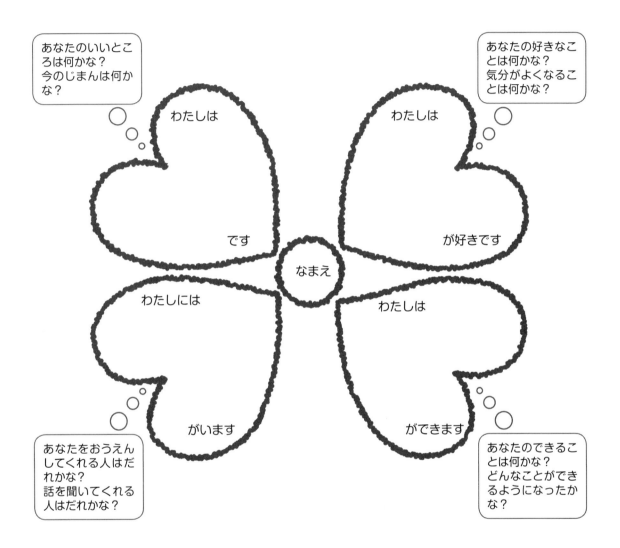

ポイント

- 立ち直る力を高めるためには、大人が子どもに寄り添い、時には手伝ったり助けたりしてよいのです。人といっしょに活動して成功した体験があればあるほど、子どもの自信や意欲を育みます。できた時には心からほめてあげましょう。
- 失敗を生かして次の成功へつなげていきましょう。「どうしてできないの」ではなく、どうしたらできるのかを、いっしょに考えていきましょう。
- 「なんとかなるよ！ 自分らしくやってみよう」とはげまします。

3 自分の感情を調整する

31 気持ちと行動の関係を知る

子どもを知るためのワーク

　うれしい時、楽しい時、悲しい時、しんぱいな時、どんな行動をするでしょう。気もちと行動はつながっています。気持ちは言葉にもつながっています。

　次のような時、あなたはどんな気持ちになりますか？　その時にどんな行動をするでしょう。線で結びましょう。

（場面）	（気持ち）	（行動）
好きなものを食べた時	くやしい	大声を出す
トランプで負けた時	かなしい	しょんぼり下を向く
	イライラ	バンザイをする
ケンカした時	ドキドキ　不安	深呼吸をする
発表会で発表する時	おいしい	泣く
		ものをなげる
なわとびがとべた時	うれしい	ため息をつく
	たのしい	笑う
ともだちとなかよく あそんでいる時	しんぱい	スキップする
		拍手する

ワーク　気持ちがちがうとどんな言い方になる？

4つのシーンの時あなたはなんと言いますか？　下の選択肢をヒントに考えましょう。

・友だちに「あそぼう」と言われた時（①考えごとをしている②きげんがいい）

・お母さんに「お手伝いしてちょうだい」と言われた時（③おやつを食べ終わった④宿題をしている）

> せんたくし
> 　ヤダ　　　ムリ　　　うるさいなあ　　　今は忙しいんだ、あとでね
> 　さそってくれてありがとう　　　うん、いいよ　　　オッケー
> 　わかった　　あとでやるよ　　今行くよ

ポイント

・気もちと行動はつながっていますから、行動を変えることで気持ちが変わることもあります。やる気が出てこない時は思い切って行動すると元気が出ることもあります。
・子どもが言いたいこと、してほしいことは、行動やしぐさに表れます。大人はそれに気づいて、「どんな気持ちなのだろう」と想像してみてください。

3 自分の感情を調整する

32 元気になる方法を見つけよう

子どもを知るためのワーク

　仲のよい友だちとケンカしたり、親にしかられたり、気持ちが落ち込んでしまうことがあります。
　どうやって気分転換したらよいかわからないと、そのまま落ち込んだ気持ちを引きずってしまうこともあります。自分の力で元気になる方法を見つけましょう。

どんな時、気持ちがしょんぼり落ち込みますか？
あてはまる気持ちに○をつけてみましょう。

①友だちとケンカした時
　（落ち込まない　・　少し落ち込む　・　すごく落ち込む）

②お母さんやお父さん（先生）におこられた時
　（落ち込まない　・　少し落ち込む　・　すごく落ち込む）

③持ちものをなくしてしまった時
　（落ち込まない　・　少し落ち込む　・　すごく落ち込む）

④（運動や勉強が）うまくできなかった時（or まちがえてしまった時）
　（落ち込まない　・　少し落ち込む　・　すごく落ち込む）

⑤負けてしまった時
　（落ち込まない　・　少し落ち込む　・　すごく落ち込む）

ワーク　元気になる魔法探しの旅に出よう！

あなたが元気になるものをたくさんみつけましょう。

元気が出る言葉

元気が出るあそび（かつどう）

元気が出る食べもの

元気が出る歌

元気が出るアイテムや本

ポイント
　自分が落ち込みやすい場面を知っておくことや、自分を元気にしてくれるものをたくさん用意しておくと落ちこまずに済んだり立ち直りも早いことに気づかせます。

3 自分の感情を調整する

33 食べもののおいしさを味わう

子どもを知るためのワーク

　わたしたちは日常の中で、時間に追われて行動したり、まわりに合わせて発言することがあります。しかしそればかりを気にするようになってしまうと、自分がどう感じるのかがおろそかになりがちです。「今」の自分の感覚や気持ちをありのままに受け止めることをマインドフルネスとよび、ありのままを受容することでストレスが減り楽になるといわれています。

①どんな食べものが好きですか？　その理由はなんですか？

　　好きなメニュー　　　　　　　　　理由
　　（　　　　　　　　　　　　）（　　　　　　　　　　　　　　　　　）

②どんな味？
　　（　　　　　　　　　　　　　　　　）

③においはする？
　　（あまりしない　・　少しする　・　すごくする）

④どんなしょっかん
　　（カリカリ　・　ホクホク　・　ふわふわ　・　ジューシー　・　つるつる　・　もちもち）

⑤好きなところは？
　　（味　・　におい　・　色　・　形　・　しょっかん　・　ぜんぶ）

ワーク1　おかずを観察してみよう

①どんな見た目かな？
　　なに色かな？　つるつる？　でこぼこ？　どこから見ても同じかな？
②どんなにおいがするかな？
③どんなしょっかんかな？

ワーク2　舌や口や耳で味わおう

おかずを口の中に入れます。目を閉じて、舌でふれ、口の中を転がし、噛み、その音を聴き、味わいながらゆっくりと飲み込んでみましょう。

①口に入れてから飲み込むまで、どうやって移動する？
　　どこの歯でかんでいる？　かむとどんな形になった？
②どんな味がする？　甘い？　しょっぱい？　味は濃い？　薄い？
③かむとどんな音がする？
④どんな気持ちになった？

ポイント

- 食べもののおいしさを味わって幸せな気持ちを感じることを目標にします。
- 同じものを食べていても、人によって感じ方がちがいます。とりわけ好ききらいが多い子は、嗅覚や味覚が敏感なために人より不快に感じることがあります。それぞれの感じ方を尊重するようにしましょう。

3 自分の感情を調整する

34 周りの音に気づこう

子どもを知るためのワーク

　わたしたちの身の周りにはたくさんの音があふれています。どんな音がしているか耳をすませてみましょう。ワクワクした気持ちになったり、ゆったりした気持ちになったりしませんか？　生活の中の音に耳を傾けることでたくさんの素敵な音の中で暮らしていることに気づかせます。

身の回りにはどんな音がありますか？　あなたの好きな音に○をつけてみましょう。ここに書いていない音がある場合には、◻◻◻の中に書きこみましょう。

ピアノの音	川が流れている音	人が笑っている声
鳥のさえずり	電車の音	犬の鳴き声
車が走る音	雨の音	風がふいている音

ワーク1 耳をすませば

❶ 安全なところで、目をつぶります。聞こえてきた音を（ ）の中に書いてみよう。その中から気に入った音を一つえらんで、○で囲もう。

（　　　　）（　　　　）（　　　　）（　　　　）

（　　　　）（　　　　）（　　　　）（　　　　）

❷ ○をつけた音には、どんな特徴があるか考えてみよう。
・その音を聞いてどれくらいうれしい感じがする？　色をぬってみよう。

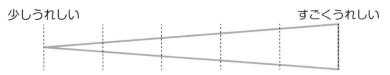

少しうれしい　　　　　　　　　　　　　すごくうれしい

・その音はどれくらいのんびりした感じかな？　色をぬってみよう。

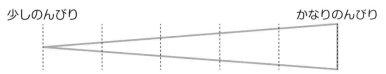

少しのんびり　　　　　　　　　　　　　かなりのんびり

ワーク2 音のカード

・音のカードを見てどんな気持ちになるか書いてみよう。わからなかったら、下の気持ちのカードからえらんでね。

気持ちのカード

ワクワク	ぽかぽか	ドキドキ	ゆったり	ハラハラ
ウキウキ	モヤモヤ	にこにこ	シクシク	ルンルン

ポイント
・音のすばらしさに気づかせます。
・いろいろな音があることがわかったら、自分はどんな音を聞くとゆったりと安心した気持ちやワクワクとたのしい気持ちになったりするかを見つけさせましょう。

3 自分の感情を調整する

35 ゆ〜っくり呼吸しよう

子どもを知るためのワーク

　わたしたちは気づかないうちに呼吸をしていますが呼吸は速くなったり、遅くなったり、気分や体調によって変化します。ゆっくりと呼吸をすることで、心が休まり、頭の中がすっきりします。ゆっくりと呼吸をする練習をしてみよう。

呼吸にまつわるクイズ

1. 人は1分間に何回くらい呼吸をするでしょう？

(1) 約10回　(2) 約20回　(3) 約60回

2. 人は一回でどのくらいの空気が吸えるでしょう？

(1) お風呂のお湯（約180L）　(2) コップ1ぱい分（約300ml）　(3) ペットボトル1本分（約500ml）

3. 一番、呼吸の回数が多いのはいつでしょう？

(1) 運動している時　(2) ふつうの時　(3) 寝ている時

4. 怒ったりイライラしている時、呼吸はどうなるでしょう？

(1) 遅くなっている　(2) 変わらない　(3) 速くなる

（クイズの答え：1.②　2.③ 子どもはコップ1ぱい分と言われています。　3.①　4.③）

ワーク1 呼吸を見てみよう

呼吸は目に見えません。身の回りのものを使って、息を吸ったりはいたりするようすを見てみよう。

水の入ったコップに息を吹き込むと、ぶくぶくと泡になって見えるよ。

紙袋に向かって息を吸ったりはいたりしてみると、呼吸に合わせて紙袋がふくらんだりへこんだりするよ。

ワーク2 おなかを使って呼吸する

風船を使って、ゆっくりとした呼吸をする練習をしてみよう。慣れてきたら、風船を使わず、おなかに手を当てて、おなかがふくらんだりへこんだりしているか確認してみよう。

❶ おなかをへこませながら風船をふくらませる。

❷ おなかをふくらませて鼻から息を吸う。

❸ もう一度、おなかをへこませながら息をはいて風船をふくらませる。

ポイント

- 呼吸の長さや深さは気にせず、自分のおなかがふくらんだり、へこんだりすることを意識させます。ゆっくり呼吸するとおだやかな気持ちになることに気づかせます。
- いやなことがあった時や、気持ちを落ちつかせたい時に、ゆっくりと呼吸することが効果的だと教えます。

36 ここちいい手ざわりを探そう

子どもを知るためのワーク

　かなしい時やイライラした時、気持ちに振り回されていると感じませんか？　少しの間だけでもそんな気持ちから離れられる練習をしましょう。手ざわりにもいろいろなものがあることに気づかせましょう。ここちいい手ざわりは、気持ちを和らげてくれます。

さまざまな物にさわった時、さわり心地はどんな感じでしょうか？　実際に身の回りのものをさわって（　　　）にどんなさわり心地だったか書いてみましょう。

・机（例：カチカチ、ゴツゴツ）
　（　　　　　　　　　　　　　　　　　　　　　　）

・消しゴム（例：ぷにぷに、ふわふわ）
　（　　　　　　　　　　　　　　　　　　　　　　）

・自分の顔（例：あったかい、すべすべ）
　（　　　　　　　　　　　　　　　　　　　　　　）

ワーク1　いろいろなものをさわってみよう！

あなたが普段使っているものをじっくりさわって、さわり心地を感じてみよう。

さわったものと、さわり心地を言葉にして表に書きましょう。気持ちのよいさわり心地のものがあったら、お気に入り欄に☆をつけてみよう！

	さわったもの	どんなさわり心地だった？	お気に入り
例	タオル	ふわふわ、やわらかい	☆
①			
②			
③			
④			
⑤			

ワーク2　お気に入りのさわり心地

お気に入りのものをさわっている時、どんな気持ちになるかな？気持ちの変化に注目してみよう。

さわる前の気持ち
ふつう　　しあわせ　　気持ちいい 落ちつく　　その他（　　　　　　　）

→

さわった後の気持ち
ふつう　　しあわせ　　気持ちいい 落ちつく　　その他（　　　　　　　）

ポイント
- さわり心地に集中している間は、イライラしたり、かなしかったりするいやな気持ちから少しの間距離をとることができます。
- 特にお気に入りマークのついたものは、いやな気持ちから注意をそらし、よい気持ちをもたらしてくれるでしょう。
- 身の回りにあるあたたかい気持ちにさせてくれるものに関心を持たせます。

37 動いてリラックス

> 子どもを知るためのワーク

　体を動かしたい時、道具がない時、エアなわとびをしてみしましょう。両手に縄を持つ格好をしてください。ジャンプやケンケンはよくやる動きなのに、なわとびのまねをしながら飛んでみると、なんだかいつもとちがう感じがしてたのしいですよ。

■エアなわとびのやり方
①まずは前まわしから始めます。「せーの！」って言ったら前まわしで10回飛びます。
②次は右足でケンケンしながら10回飛んでみましょう。
③足を入れ替えて左足で10回飛んでみます。
④足を交互に入れ替えてステップしながら10回飛んでみましょう。

なわとびで飛ぶまねをしてジャンプしてみたら、どんな気持ちだった？
例）「たのしかった！」「疲れた」「息がハアハアする」

ワーク 軽い運動からリラックス

音楽に合わせてピアノやギターを弾くまねをする、ボウリングのピンになっていっせいに倒れる、お料理を作る動きなど、用具やお片づけの必要のない、いつでもどこでも気軽に楽しむことができる運動です。

❶ みんなで協力して大なわとびをします。一列に並び「せーの！」のかけ声に合わせて、決めた回数をいっしょにジャンプします。

❷ たくさん飛んだら、床に寝転んでごろーんごろーんと転がって目をつぶってみましょう。

❸ はい（パンと手を叩いて）。そのままの姿勢で目を開けてください。
みんな今どんな気持ちかな？

ポイント

・日常場面で思うようにいかないことでも、動きを通した想像の世界では、活き活きとした姿や、うまくいった自分を体験することでストレス解消になりリラックスできます。
・ワークの終わりには呼吸を整える動きを入れるなどして、クールダウンをしてから現実の場面に戻します。

3 自分の感情を調整する

38 色で気分が変わる

子どもを知るためのワーク

　私たちの周りには実はいろいろな色があふれています。色は心にさまざまな気持ちを与えます。自分の大好きな色、穏やかになれる色、ワクワクさせてくれる色に気づくことができます。

1. 赤、オレンジ、緑、青の色から、イメージする言葉をえらんでください。

　　赤（　　　）、オレンジ（　　　　）、緑（　　　　）、青（　　　　）

　　| ぽかぽか | さわやか | イライラ |
　　| おだやか | すっきり | 落ち着く |

2. どの色が好きですか？　その理由も書きましょう。

　好きな色　[　　　　　　　　　　]

　理由

　_____ から

ワーク1　自分の周りで色探し

学校にあるものの色を観察してみよう。

	色	気持ち
校舎の壁の色		
鉄棒の色		
天井の色		
保健室のベッドの色		

ワーク2　ぬり絵

いろんな色を使って下の絵をぬってみましょう。

ポイント

- 色には印象があります。ブランドのロゴマークの色、家電の色、飲食店で使われる色、さけられる色などがありますのでいろんな場所や道具を観察すると面白い発見があります。また色が気分を変えるということを学ぶ機会になります。

3 自分の感情を調整する

39 どんな香りでいい気分になる?

子どもを知るためのワーク

　毎日通う学校や教室にいろいろな香りがありますが、鼻が香りに慣れてしまって、いろいろな香りに気づくことができないかもしれません。だけど、長い休みが明けて、久しぶりに教室に入った時なんだかすてきな香りだなと思ったことはないでしょうか。

1. 自分の身の周りの香りのあるものを探してみよう。
   思いつかない場合は周りをみわたして探してみよう。

   ① [　　　　　　　　　　　　　　　　　　]

   ② [　　　　　　　　　　　　　　　　　　]

2. その香りをかいで、どんなことを思いましたか？　下からえらぶか、自由に書いてみよう。

   ①をかいだ時の気持ち [　　　　　　　　　　　]

   ②をかいだ時の気持ち [　　　　　　　　　　　]

   いい香り、不思議な香り、香ばしい香り、落ち着く香り、ドキドキする香り

ワーク1　好きな香りを探してみよう

学校の中、クラスの中のものから、好きな香りがするものを探してみよう。

好きな香りがするもの①　＿＿＿＿＿＿＿＿＿＿＿＿＿＿＿＿＿＿＿＿＿＿＿＿＿

好きな香りがするもの②　＿＿＿＿＿＿＿＿＿＿＿＿＿＿＿＿＿＿＿＿＿＿＿＿＿

好きな香りがするもの③　＿＿＿＿＿＿＿＿＿＿＿＿＿＿＿＿＿＿＿＿＿＿＿＿＿

「いい気分」とは、落ち着く感じ、よけいなことを考えなかった（感じなかった）、幸せな気持ちになることです。

ワーク2　お家の中にあるすてきな香りを探してみよう

家の中でいい香りがするものを探してみましょう。

　　　　　　　　　　　　　　　　　　どんな香り

・台所の料理から　　　　　（　　　　　　　　　　　　　　　　　　　　　）

・お母さんの化粧品から　　（　　　　　　　　　　　　　　　　　　　　　）

・外のお庭の草花や木から　（　　　　　　　　　　　　　　　　　　　　　）

・洗いたてのシャツから　　（　　　　　　　　　　　　　　　　　　　　　）

ポイント

・毎日当たり前にかいでいる香り（花の香り、せっけん、果物など）の中に、自分が落ち着く香りが隠れています。ワークを通して、自分をいい気分、落ちつく気分にする香りを見つけてみましょう。

・嗅覚は、感情に直接働きかけることができる器官といわれています。たとえばどんよりした気分のとき、自分の好きな香りを意識してかぐことで、いい気分になることができることを教えます。

3 自分の感情を調整する

40 わたしのストレス解消法

> 子どもを知るためのワーク

　イライラしたり、不安になったりした時、ストレスから自分で自分を守ることができたらいいですね。自分を助けるスキルを『コーピング』といいます。たくさんの方法がありますのでストレスがない時にいろいろな方法を試してみて、自分に合った方法をいくつか決めておくと安心です、効果があったものを「自分の方法」として決めておくといいですね。

イライラしたり不安になったりした時を想像してみましょう。
その時、何をしたら、イライラや不安がへるか考えてみましょう。

- ランニングをする　　　　　　　　　　　（少なくなる・少なくならない）
- 好きな遊びをする　　　　　　　　　　　（少なくなる・少なくならない）
- たのしかった旅行の写真を見る　　　　　（少なくなる・少なくならない）
- ダジャレを考える　　　　　　　　　　　（少なくなる・少なくならない）
- お母さんと話をする　　　　　　　　　　（少なくなる・少なくならない）
- ほかに思いついたものを書き出してみましょう

　（　　　　　　　　　　　　　　　　　　　　　　　　　　　　　　　）

ワーク きみにぴったりのコーピングをさがせ！

❶ みんなで、自分に効果がありそうなイライラや不安の解決方法を出し合ってみよう。その中から5つの方法をえらんで、順番に1分間ずつやってみよう。

≪コーピング・サーキット5≫

❷ はじめにやってみた方法を『レベル5』として、それぞれの方法の効果（どのくらい気持ちが落ち着いたか）のレベルを表に書いてみよう。

やった順	コーピング	レベル（○をつけよう）
	深呼吸	0 1 2 3 4 5 6 7 8 9 10
	ティッシュペーパー	0 1 2 3 4 5 6 7 8 9 10
	色ぬり	0 1 2 3 4 5 6 7 8 9 10
	好きなものリスト	0 1 2 3 4 5 6 7 8 9 10
	クッションなでなで	0 1 2 3 4 5 6 7 8 9 10

自分に合った方法を友だちと紹介し合って、カードに書いておこう

気持ちがゆったりするぼくにぴったりの方法は [　　　　　　　　　　]

ポイント

　実際にイライラしたり不安になったりした時、これまでにやったことのない方法で気持ちをおさめようとしても、うまくいくかはわかりません。気持ちに余裕がある時に、イライラしている自分や不安な自分を想像して試すことが大切です。どの方法が効果的なのかを周りの大人もわかっていると、「この前のアレ、やってごらん」と、実際の場面で言葉をかけやすくなります。

3 自分の感情を調整する

コラム ❸

仲間と感情

　うまく集団に適応できない子どもを見る時「感情のコントロール」というキーワードが使われるようになりました。「感情のおもむくまま」行動すると、集団の中で仲間とうまく関係を結ぶことはむずかしいという意味でもあります。

　ここには、「小学校に入学するぐらいの年齢であれば、自分の感情のコントロールはある程度できるようになっているはず」という発達的な見方があります。

　しかし、ここに問題を抱えている子どもが少なくないのです。原因として、自分の感情を丸ごと受け入れてもらい、共有してもらいながら高ぶった感情を静めたり、沈んだ気落ちを立て直したりする体験を、大人との関わりの中で自然に学ぶことが減ってしまったこともあります。他にも子どもといろいろな大人との関わる機会が減っているなどさまざまな要因から、感情の発達がうまく進んでいないという視点に立って子どもの状態をとらえなければいけません。

　小学校中学年のAさんの例をみてみましょう。彼女はうれしいことがあって気分が高まると興奮がおさまらず、友だちを両脇から抱え上げてぐるぐる回そうとしたりします。一方で気分がのらないと机に体を投げだし、ぷっとふくれた顔をして、だれが話しかけても答えようとしません。

　自分の感情を実に素直に外に出すのですが、周りの子どもたちはなだめたり、持ち上げたり、四苦八苦です。先生のじょうずな支援に助けられ、子ども同士関わりながらなんとか関係を保っていました。しかし次第に周りの子どもたちが疲れてきているのがわかりました。上がり下がりの激しい感情にAさん自身も翻弄されているように見えます。

　自分のためにも周りの人たちのためにも感情をコントロールする必要があります。そのためには感情についての知識・理解、そしてうまくコントロールするためのスキルも必要です。

④ 友だちとうまく関わる

41 周りの人の関係に気づく

子どもを知るためのワーク

あなたの生活する場所には、大人や自分より年齢の低い友だち、肌の色がちがう人、同じクラスの友だちやちがうクラスの友だち、出身がちがう人などいろいろな人がいます。その中でも気が合う人、話していてたのしい人がいます。友だちと関わってたのしかったことや、話したことを思い出して自分の周りにはいろいろな人がいることを知りましょう。

1. 今日はだれに会いましたか？

   - のらねこ
   - 友だち
   - 近所のコンビニの店員さん
   - せんせい
   - おじいちゃん
   - おばあちゃん
   - いぬとさんぽをしている人
   - 友だちのおとうさん・おかあさん

2. 今日はだれと何をしましたか？

   ［　　　　　　］と［　　　　　　　　　　　］をした

ワーク 周りにどんな人がいるかな？

❶ 名前を書いてみましょう。

❷ あなたの周りにはどんな人がいますか？
下の図に名前を入れてみよう。近所の人やお店の人も思い出してみよう。

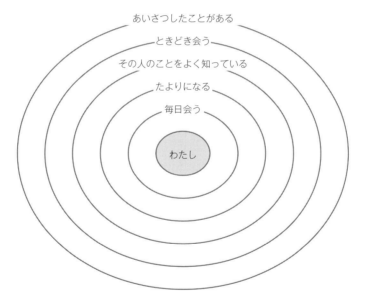

あいさつしたことがある
ときどき会う
その人のことをよく知っている
たよりになる
毎日会う
わたし

ポイント

・低学年は友だちと近づいたり離れたりする時期です。聞くたびに友だちのメンバーがちがうでしょうが、周りにいろいろな人がいることを感じとることが大事です。
・友だちと「いっしょにいてたのしい」と思う気持ちや、信頼感を持てると安心して過ごすことにつながります。安心した関係性の中で、たっぷり夢中になってあそぶことで充実感を得られます。

4 友だちとうまく関わる

42 友だちってどんな人？

子どもを知るためのワーク

　友だちってどんな人かな？　なまえは？　どんな服を着ていたかな？　どんな髪形だったかな？　いっしょにあそんでいてどんな気持ちだったかな？　と、いつもあそんでいるところを思い出しながら考えてみましょう。

1. 友だちとどんなことをしてあそぶのが好きですか？

2. 友だちに言われてうれしかったのはどんな言葉ですか？

3. これから友だちとどんなことをしたいですか？

ワーク1　友だちってどんな人？

❶ 友だちで思いうかぶキーワードを書いてみよう。

❷ 友だちってどんな人？　大人に話してみよう。

例：おなじクラスの人、好きなことがいっしょの人、近くに住んでいる人

ワーク2　お父さんお母さんの友だちをしらべてみよう

❶ お父さんに「友だちってどんな人？」ときいてみよう。

------

❷ お母さんに「友だちってどんな人？」ときいてみよう。

ポイント

- 大人が肯定的に話を聞き入れることで、友だちとの関わりに自信を持つことができます。友だちの話をしながら話題を共有しコミュニケーションの時間をとってみましょう。友だちのイメージを伝える語彙が増えていくことにもつながっていきます。
- いっしょにあそぶ友だちがいることが、またいっしょにあそびたいという意欲になります。それが心の安心感につながり、より豊かな友だち関係が形成されていきます。明日も園や学校に行きたい！　と楽しみにする気持ちにつながります。

4 友だちとうまく関わる

43 心の吹き出しを考えてみよう

子どもを知るためのワーク

　ふだん、どんなに仲が良くても友だちと意見が異なることがあります。相手の言葉や態度からどう思っているのか推測することで、より気持ちを理解することにつながります。

上の絵を見てこたえてください。

1. 「外であそぼう」と言った子はどんな気持ちで言ったかな？

2. ほかの子から「私、ヤダ！」と言われて、誘った子はどんな気持ちになったかな？

3. あなたがもしあそびに誘って、「ヤダ」「家であそびたい」と言った子にどんなことを言う？

「だれが」「だれに」「何をして」「どう思ったか」というポイントをおさえておきましょう。立場が変わると、気持ちがちがうことに気づかせます。

ワーク1　ロールプレイング

下のAちゃん、Bちゃん、Cちゃん、Dちゃんの役をそれぞれ交代でしてみましょう。

① Aちゃん「クラスの出し物は劇にしない？」
　Bちゃん「私、イヤだ。やりたくない」
　Cちゃん「歌のほうがまだマシ」
　Dちゃん「・・・・・・」（だまって様子を見ている）

② それぞれの役をやった時に感じた気持ちを伝えあってみましょう。伝えるのがむずかしい時には、顔文字を使って伝えるのもよいでしょう。

| たのしみ | ワクワクする | 怒る | かなしい | つらい | 落ち込む | 困った |

「無言」でも気持ちがないわけではないということにも気づかせます。最初は大人が見本を見せるとロールプレイによる気づきが深まります。

ワーク2　だれかになって手紙を書いてみよう

物や生き物になりかわって手紙を書いてみよう。

例）けしゴムより
　　えんぴつより
　　ペットの犬より
　　あさがおさんより

> チョコより
> いつも おさんぽして
> くれて ありがとう。

ポイント

・自分の気持ちを中心に物事をとらえたり、行動をすることで相手が不快な感情を持つことがあります。立場が変われると感情も異なることを理解させます。
・ワークを通して相手は、「そういう気持ちになるのか」と新たな気づきを得るでしょう。
・人は、それぞれに思いを持っていることを知り、自分とは考えがちがってもその人の気持ちは否定しないように教えます。

4 友だちとうまく関わる

44 仲間に入ろう

子どもを知るためのワーク

　不安や緊張が高いことから引っ込み思案な行動になって友だちの輪に入れない子、仲間に入れてもらえない子がいます。仲間に入れてもらう声のかけ方について具体的に教えます。

1. イラスト右の女の子は、どんな気持ちかな？

　□入れてもらえるか不安　　　　　□だれに声をかけたらいいかわからない
　□声をかけてもらえなくてかなしい　□入れてくれないからイライラする

2. 「入れて」と言わなかったら、友だちはどう思うだろう？
　　例）鬼ごっこをしたいわけじゃないんだ／「入れて」って言えばいいのに

3. あそびに入りたそうな友だちがいたら、あなたはどうする？

ワーク1 考えてみよう！

仲間に入れてもらいたい時、あなただったらどうしますか？
（　）に○をつけてみよう。

❶ だれに言う？
　　仲のよい子　　　　　　　　（　）
　　近くにいる子　　　　　　　（　）
　　中心にいるリーダーの子　　（　）

❷ どう言う？
　・勇気を出して「ねぇねぇ、次から入ーれーて」と言う（　）
　・「私もやりたーい」と、大きな声で元気よく言う（　）
　・「いっしょにやろう」と言う（　）

ワーク2 やってみよう！

ペアロールプレイで、実際にやってみよう。

大人がモデルを示してから、いっしょにやります。その時、表情、声の大きさなども意識して取り入れましょう。

いやがる子に無理強いはしないよう注意します。

ポイント

・子どもが行動をする時に自分の感情に振り回されて行動ができないことがあります。その感情はその子の状況や感じ方によって変わってきます。
・小さな表現でもできた時や、うまく友だちの輪の中に入ることができたり、仲よくなれた時には、「よくできたね」「友だちといっしょにあそべるってたのしいね」といったフィードバックを子どもに与えます。「仲間に入れて」と言える自信を育てます。

4 友だちとうまく関わる

45 ケンカしても仲直りできる

子どもを知るためのワーク

　ささいなことからケンカがおこります。ケンカをすると相手を怒らせてしまい、いやな気持ちからお互いに自分の意見を言い合いますが、相手の気持ちを考える大切なチャンスです。この時間を経て仲直りができ、元の仲へ戻れます。

1. なぜケンカになってしまったのでしょう？

2. あなたが泣いているAちゃん、あそんでいたBちゃんだったら、どんな気持ちになりますか？

Aちゃん
　　1　怒りがわく　　2　悔しい　　3　かなしい　　4　イライラする

Bちゃん
　　1　怒りがわく　　2　悔しい　　3　かなしい　　4　イライラする
　　5　いやだけど仕方ないとあきらめる

ワーク 考えてみよう!

言い合いをしている子がいます。2人はその後どうしたら仲直りができるでしょう。仲直りのセリフを考えてみましょう。

例)

 バカって聞こえたんだけど

え? ぼくじゃないよ

 …聞きまちがいかな? そっか、ごめんね

いいよ

ポイント

- 仲直りは、「ごめんね」と素直にあやまることと「いいよ」とそれをゆるすことで初めて成り立ちます。
- 子どもが「ごめんね」と相手にあやまった時、「いいよ」と受け入れた時、必ずたくさんほめてあげましょう。
- 「ケンカはよくないよ。でも、ちゃんと仲直りしたのはえらいね」など、よかった部分をしっかりとほめてあげます。
- 仲直りをしてほめられることにより、ケンカをしても、ステップをふめばまた元の仲に戻ることができるのだと気づきます。
- 結果としてケンカをした時は仲直りが大事だと意識するようになります。

46 やさしく頼むスキル

子どもを知るためのワーク

　自分が欲しいものをほかの人が持っている時には、無理やり取るのではなく、「貸して」と頼むこと、これが人とのやりとりの入り口です。
　けれど相手は、「貸して」と言っても必ず「いいよ」と答えてくれるわけではありません。そこで、貸してもらえるにはどうしたらよいのかを考えさせます。

1. 友だちが使っているものを借りたい時、あなたはどうしますか？

2. 自分の大事なものを、貸してほしいと言われたらどうしますか？

ワーク 頼み方いろいろ

自分がなぜ貸してほしいのか理由を話してみましょう。自分が使いたいと思っても相手もそれを使いたいかもしれません。相手の大事なものかもしれません。自分の都合ばかりでなく相手のことも考えて貸してもらえるよい方法を考えてみましょう。

❶ 貸してほしい理由を話してみましょう。
例）そのおもちゃであそびたいの

❷ 相手の様子を見てみましょう。
例）それがないと相手が困るかな、大事なものかな？

❸ アイディアを提案してみましょう。
例）・2回読んだら代わって
　　・じゃんけんして勝った方が先ね
　　・時計の針が上までいったら交代ね
　　・私が持ってるキッチンセットと交換しない？

❹ お礼を言う
貸してもらえたら「ありがとう」「すごくうれしい」と言いましょう。
自分の気持ちをそえてみましょう。

ポイント

・相手が断れないような怖い言い方や無理強いをしても相手の心は動きません。相手もしたいと思うように、そのことのたのしさややりがいを伝えてみましょう。助けてほしいというお願いであれば、相手も役立てることの喜びや助けてもらえたらどれだけ助かるか感謝するかを話してみましょう。
・自分の気持ちを心をこめてわかりやすく伝え、相手にその気持ちが伝わるように頼むことが大切です。
・どうしても貸してもらえなかったら、ほかのものであそんでみるのも1つの方法です。

4 友だちとうまく関わる

47 じょうずに断るスキル

子どもを知るためのワーク

　じょうずに断るためには、相手に「きらいだから断られている」と思われないことが大事です。まず最初に「誘ってくれてありがとう」と誘ってくれたことへのお礼を言いましょう。そして「ごめんね。今は、ブロックをしたいから、今度いっしょに鬼ごっこしようね」と、「今」の気持ちをきちんと伝え、もし次に誘われたら前向きに考えるようにしてみましょう。

　どうしてもいやな時にははっきりと「ごめんね。鬼ごっこ好きじゃないんだ」と、いっしょにあそぶことがいやではない気持ちを伝えます。

1.「いやだよ」と断られたらあなたはどう思いますか？

2. 断る理由をどう説明しますか？

ワーク 誘う・断るロールプレイ

2人一組になって、鬼ごっこに誘う子ども、ブロックをしたいので断る子どもになります。

❶「鬼ごっこいっしょにしよう」と誘います。
❷ 誘われた子どもは「誘ってくれてありがとう」とお礼を言います。

❸「ごめんね。今は足がいたいからブロックがしたいの」と断る理由を伝えます。

❹「鬼ごっこはまた今度するね。ブロックやらない？」と提案してみます。

❺「鬼ごっこしたいから、また今度ね」とちがうお友だちを見つけに行きます。または、「ブロックに入れて」とブロックを一緒にします。

ポイント

- 断られた人は少なからずいやな気持ちになります。人はみんなが同じことをしたいとは限らないことを知ることが大事です。
- 断るときには、謝る、理由を伝えることが大切です。さらに代案（また今度やろう）が出せるといいですね。
- 年齢があがっていくと困ったことに誘われるケースも出てくるかもしれません。そのような時には、きっぱりと「やりません」と断ります。
- どうしても気が合わない友だちや、断ることできげんを損ねてしまう相手もいるでしょう。少し距離を置くとか、逃げるが勝ちという方法があることも教えます。

4 友だちとうまく関わる

48 伝わるあやまり方

子どもを知るためのワーク

　あれ？「ごめん！」って言ってあやまったのに、友だちがまだ怒っていてゆるしてくれない！　どうしてそうなってしまったんだろう？　相手に思いを伝えた時に、自分が思っていることとちがうとられ方をされることがあります。同じ言葉なのになぜそうなるのでしょうか。その時の言い方や距離・表情を思い出して考えてみましょう。

あなたはどのようにあやまってくれたらゆるしてあげようと思いますか？　下の例を参考にしましょう。

例）・大きな声であやまる

　　・笑いながらあやまる

　　・「ごめん！ごめん！ごめん！」と何回も繰り返しあやまる

　　・自分の方を見ずにあやまる

　　・「ごめん！」とあやまったあと、すぐどこかに行く

ワーク1 あやまり方のポイント

走っていたら手がぶつかって友だちが作った工作を壊してしまいました。「ごめんね」と言ったのにゆるしてくれません。どのようにあやまったらよいでしょうか？

① あやまる役、あやまられる役をそれぞれやってみましょう。

② あやまる役・あやまられる役をしてみた時、どのように感じましたか？　また、相手の子のあやり方はどうでしたか？　お互いに感想を話し合いましょう。

ワーク2 あやまり方3つのポイント

① どんなお顔（表情）をしてあやまったのかな？
へらへら笑っていなかった？　怒った顔をしていなかった？
自分はどんな表情をしているかな？　鏡を見て練習してみよう
相手の子はどんなお顔（表情）をしているかな？
相手の目を見て話してみよう（恥ずかしかったら鼻を見よう）

② 声の大きさはどうだったかな？
怒鳴り声ではなかった？
小さすぎて聞こえなかったってことはなかった？
声の大きさの調整も必要だよね

③ 距離
相手に近すぎてはいなかったかな？
近いといやな感じがする子もいるから、うでをのばしたくらいの距離がいいかもしれません

ポイント

- 言葉であやまっていても、表情やしぐさが伴っていなければ相手に思いは伝わりません。相手の気持ちになって、どのような表情やしぐさをしたらよいか考えさせます。
- 「ごめんね」「いいよ」のやりとりはあくまで問題解決の方法の一つです。「ごめんね」とその場で言えなくても反省の気持ちが相手に伝わり、次にまた同じことを繰り返さないことが大事です。言葉でのやりとりなどの形式にこだわらず、問題解決のために何が大切かを考えさせます。

49 問題解決のステップ

子どもを知るためのワーク

　学校では友だちと関わる中で、たくさん悩んだり、困ったりすることがあると思います。そんな時はどうしたらいいのでしょうか。ゆっくりと状況を整理しながら、問題を解決する方法をいっしょに考えてみましょう。

1. 少し目を離したら友だちがあなたが使っていたボールであそんでいました。あなたはどう言いますか？

   (　　　　　　　　　　　　　　)

2. 友だちにボールを使われてしまった時のあなたの気持ちは？　あてはまるものに〇をつけてみましょう。どれにもあてはまらない時は、(　　　)の中に自由に書きこみましょう。

   | 困る | かなしくなる | イライラする |

   | あきらめる | その他（　　　　　　　　） |

ワーク 困りごと解決シート

- 自分のボールを友だちに勝手に使われてしまった時、あなただったらどうしますか？（　　　）の中に解決方法を書いてみましょう。
  （　　　　　　　　　　　　　　　　　　　　　　　　　　　）

- ほかの人ならこんな時どうするでしょうか？　クラスの友だちに聞き、自分とはちがう解決方法を3種類見つけてみましょう。
  （友だちの解決方法①…　　　　　　　　　　　　　　　　　　　）
  （友だちの解決方法②…　　　　　　　　　　　　　　　　　　　）
  （友だちの解決方法③…　　　　　　　　　　　　　　　　　　　）

- 今までに出た解決方法の中で、あなたが一番使いたい方法（or もの）をえらびましょう。
  （　　　　　　　　　　　　　　　　　　　　　　　　　　　）

- あなたが一番使いたい解決方法を使ったら、どのような結果が待っているのでしょうか？　予想してみましょう
  （例：友だちとケンカをせずにボールを取り戻せる）
  （　　　　　　　　　　　　　　　　　　　　　　　　　　　）

自分の解決方法では、ボールを返してもらえない、ボールを返してもらっても友だちと仲がわるくなってしまうなど問題があれば、先生や家族の解決方法も聞いてみましょう。ほかの人の解決方法を聞いた場合も、その解決方法を使ったらどうなるのか予想してみましょう。

ポイント

- 「いきなり怒るのではなく、相手の意見や主張を尊重しつつ、自分の気持ちを伝えることが大事である」という気づきを与えます。
- 友人とのワークを取り入れることで、自分が考えたことのなかった解決方法に出会う機会を増やします。
- 困っていることに対し、解決方法をいくつか考え、結果を予想し、よい方法を実行するという問題解決のステップを教えます。

4 友だちとうまく関わる

50 いっしょにたのしむための方法

子どもを知るためのワーク

　あそびが決まらずに困ることは子どもたちの生活の中でたくさんあります。

　あそびのメンバーに合わせてルールを変えたりして、みんなが楽しめる工夫をすることが大切です。例えばそのゲームを何回もやっている子の中に初心者が入ってきたら「かんたんルール」にしてあげるとみんなでいっしょにたのしむことができます。

1. あそびが決まらなかったことがありますか？　その原因はなんでしたか。

（　　　　　　　　　　　　　　　　　　　　　　　　　　　　　　　）

例）ルールがむずかしい　やりたいあそびがバラバラだった

2. あなたならどうしますか？

ワーク あそびのルール会議をもとう

みんなであそぶために、ルールについて、子どもたちで話し合いましょう。

① 初めて「ドロケイ」をやる子にルールをどう説明するか考える
（例：警察と泥棒に分かれて、警察が泥棒を追っかけて、タッチしたら牢屋に入れる）

② 初めてやる子が、困りそうなことはある？
（例：警察か泥棒かわからなくなって、間違ってタッチしたらケンカになるかもしれない）

③ どうしたらみんながたのしめるかアイディアを出す？
（例：ちがう色のビブス（ゼッケン）を着たり、帽子をかぶる）

④ ほかに改善した方がよいものは？
（例：牢屋の前に警察が見張っていると絶対逃げられなくてつまらなくなる。見張りの範囲を決める。）

でき上がったルールは、わかりやすくホワイトボードや大きな紙に書いて貼り出しておくことにします。

ポイント

- 「初めてあそぶ子にどのように教えるのか」を考えることで、そのあそびのルールやたのしみについて再認識します。「どのような場面でトラブルが起こる」のかを考えることで、自分や友だちがどんなところにやりにくさを感じていたのかに気づきます。
- ここでできたルールがたとえ間違ったものでも、やったあとに話し合えばよりよいルールにすることができます。
- 形式にとらわれず、その場にいる子どもたちがやりやすいようにルールを決めてあそびます。ルールは守るためにあるのではなく自分たちがたのしむためにあることを教えます。

コラム ❹

あそびと感情

　だれに頼まれたわけでなく、心のまま、やりたいことを、のびのびとするのが自由なあそびのイメージです。仕事や勉強のように「しなければならないからする」のではなく、自らあそびたいという気持ちからの行動です。

　脳は自発的に決めて積極的に行動することで成長し、能動的に動いた時の快感は受動的な行動よりもはるかに強いと言われています。能動的な活動によって脳が強く活性化するというのです。ですからあそびという能動的な行動は、たのしいうえに脳によい刺激を与えています。

　あそんでいるといろいろな気持ちになります。例えば、鬼ごっこやかくれんぼなどつかまるかもしれないあそびはドキドキ不安と隣り合わせのたのしさがあります。ジェットコースターのスリル、お化け屋敷の怖さなども、そこに自らあそぶ意思があればそれもたのしみになります。砂場で大きな山にトンネルを掘っている子ども、泥団子づくりに夢中になって泥だらけになっている子どもはコツコツじっくり向きあい、でき上がった時の喜びを味わいます。

　勝ち負けのあるあそびでは負けて悔しい気持ちにもなります。「もうやらない！」と泣いて怒っている姿も見かけます。しかし、相手とのがんばりを共有する喜び、勝負の興奮や次は勝とうという意欲につながれば、それもたのしさにつながっていきます。

　あそぶことで単にその時、晴れやかな気持ち、気分がすっきりすることも大事なことです。また、あそびを通して決まりや約束を守ることやいっしょに助け合ったりすることによって友だちとの関係も学べます。あそびというたのしい気持ちを味わいながら、人間は脳を活性化し、生きる力を身につけ、幸せな気持ちを積み上げていきます。

●参考文献
【引用文献】
　一般社団法人日本アンガーマネジメント協会　監修（2015）『イラスト版子どものアンガーマネジメント　怒りをコントロールする43のスキル』　合同出版
　渡辺弥生編（2011）『子どもの感情表現ワークブック』　明石書店
　渡辺弥生（2015）『中1ギャップを乗り越える方法　わが子をいじめ・不登校から守る育て方』　宝島社

【文献】
　穂村弘（2017）『（ひもとく）番外編　読書は必要？　あなたの「世界」を変えるかも』朝日新聞2017年4月16日

　赤川次郎（2007）『イマジネーション　今、もっとも必要なもの』　光文社文庫

　赤川次郎（2010）『講演　本の世界を旅して　～「読む」から「書く」へ～』第37回全国学校図書館研究大会研究集録

　渡辺弥生（2019）『感情の正体――発達心理学で気持ちをマネジメントする』筑摩書房

●対象年齢、対象人数の参考例

	年齢（幼児、小学校低学年）	人数（個別、クラス、スクール）
1　自分の感情に気づく		
1）考え方と気持ちの関係	小学校低学年	クラス
2）気持ちを表すたくさんの言葉	幼児、小学校低学年	個別、クラス
3）感情にはいろんな種類がある	小学校低学年	クラス
4）気持ちは体に表れる	幼児、小学校低学年	個別、クラス
5）自分の表情を見てみよう	小学校低学年	個別、クラス
6）気持ちを表情に出してみよう	幼児、小学校低学年	すべて
7）しぐさで気持ちを表そう	幼児、小学校低学年	すべて
8）気持ちは声とつながっている	小学校低学年	個別、クラス
9）自分の「くせ」を見つけよう	小学校低学年	個別、クラス
10）感情を表現してみよう	幼児、小学校低学年	すべて
11）時間とともに気持ちは変化する	小学校低学年	個別、クラス
2　ほかの人の感情に気づく		
12）友だちの気持ちを知る言葉を探そう	幼児、小学校低学年	個別、クラス
13）しぐさから気持ちを考えてみよう	幼児	クラス
14）相手の気持ちを声で知る	幼児	個別
15）不快な気持ちってなに？	幼児、小学校低学年	クラス
16）みんないろんな気持ち	小学校低学年	個別、クラス
17）気持ちには強い・弱いがある	小学校低学年	個別
18）友だちのよいところを探そう	小学校低学年	クラス
19）周りの人が困っていたら	小学校低学年	個別、クラス
20）友だちの気持ちに寄り添う	小学校低学年	個別、クラス
21）友だちと仲良くなれる言葉	小学校低学年	すべて
3　自分の感情を調整する		
22）どうして気持ちを調整しないといけないの？	小学校低学年	個別、クラス
23）小さなイライラをはきだそう	小学校低学年	個別、クラス
24）イライラをコントロールするスキル	小学校低学年	クラス
25）ドキドキを小さくするために	小学校低学年	個別、クラス
26）こわくてたまらない時のおまじない	小学校低学年	個別、クラス
27）「ごめんなさい」をじゃまする気持ち	小学校低学年	個別、クラス
28）がまんする力をつける	小学校低学年	個別、クラス
29）ものの見方を変えるリフレーミングの方法	小学校低学年	個別、クラス
30）立ち直る力（レジリエンス）をつける	小学校低学年	個別
31）気持ちと行動の関係を知る	小学校低学年	個別
32）元気になる方法を見つけよう	幼児、小学校低学年	クラス
33）食べもののおいしさを味わう	小学校低学年	個別、クラス
34）周りの音に気づこう	小学校低学年	個別
35）ゆ～っくり呼吸しよう	幼児、小学校低学年	個別
36）ここちいい手ざわりを探そう	小学校低学年	個別、クラス
37）動いてリラックス	小学校低学年	個別、クラス
38）色で気分が変わる	小学校低学年	個別、クラス
39）どんな香りでいい気分になる？	小学校低学年	個別、クラス
40）わたしのストレス解消法	小学校低学年	個別、クラス
4　友だちとうまく関わる		
41）周りの人の関係に気づく	幼児、小学校低学年	クラス
42）友だちってどんな人？	幼児、小学校低学年	個別
43）心の吹き出しを考えてみよう	幼児、小学校低学年	個別、クラス
44）仲間に入ろう	小学校低学年	個別、クラス
45）ケンカしても仲直りできる	幼児、小学校低学年	個別、クラス
46）やさしく頼むスキル	幼児、小学校低学年	クラス
47）じょうずに断るスキル	幼児、小学校低学年	個別
48）伝わるあやまり方	幼児	クラス
49）問題解決のステップ	小学校低学年	個別、クラス
50）いっしょにたのしむための方法	小学校低学年	クラス

あとがき

　子どもたちを見ていると、なんとエネルギーにあふれた存在かと感心することがあります。やりたいことや楽しいことに全力で向かっていき、大盛り上がりであそびます。一方、周囲の状況の冷静な判断、自分の行動とその結果との関係理解の力は、まだまだ期待できません。そのため「これをこんなふうにやりたい！」という思いがひとたび友だちとぶつかると、とたんにトラブルが勃発します。大人はそういったトラブルを自分たちの力で解決してほしいと願いますが、自分の気持ちや要求を説明する力が不十分な段階で、それはむずかしい注文です。

　「友だちの気持ちがわかる子、仲良くできる子になってほしい」。保護者や先生方の多くがそんなふうにおっしゃいます。悲しんでいる友だちに共感してなぐさめたり励ましたり、あるいは、自分のふるまいで友だちがいやな気持ちになっていることに気づいてそれをやめることができたり…。そんな子に育ってくれたら本当にすてきです。でも「いい子」であろうとするあまり、自分の気持ちを押し隠して自由に振る舞えなかったり、友だちの反応が気になって関わりを楽しめなかったりしたらどうでしょう。

　私は子どもたちと出会う時、まずは「ここでの関わりは安全で楽しいもの」と感じてもらえるよう心がけています。すると子どもたちそれぞれが自分の思いを素直に表現し始め、衝突が起こります。そんな時は、大人が間に入って状況を整理し、自分の気持ちと友だちの気持ち、その行きちがいを確認していきます。人それぞれに気持ちがちがうことがわかると、「つぎはぼくに譲ってね」と言いながら友だちの言い分を受け入れられるようになります。

　さて、私とこの本との関わりは、母を突然に亡くして1年ほどが過ぎた桜の頃、監修者である渡辺弥生先生から「子どもたちの感情を育てるのに役立つワークを作りたい」というお話をいただいたことでした。その頃の私は、仕事のために学んだレジリエンスやマインドフルネスが母を失った悲しみから立ち直るための助けになったことに、つくづく感謝していました。子どもたちのためのワークが自分の役に立つとは露ほども思っていなかったのですが、子どもの感情を育てようとすることが、実は自分の感情を育てることにつながっていることを実感しました。自分の感情が整理され元気でいることが、子どもたちを元気にすることにつながるのだと思っています。子どもたちの健やかな感情の育ちを願って、日頃実践しているワーク、アイディアをまとめあげ20名の仲間と編集しました。さらに渡辺先生によって監修され、汎用性のあるものになりました。また、合同出版編集部の齊藤暁子さんには本をまとめる上で大きなお力添えをいただきました。

　この本のワークが、子どもたちにはもちろん、子どもたちと関わる私たち大人にも元気を与えてくれることを心から祈っています。

藤沢市立大清水小学校
木村愛子

●執筆者紹介

○監修者
渡辺弥生（わたなべ・やよい）
法政大学文学部心理学科教授、教育学博士
筑波大学、静岡大学を経て、現職。途中、ハーバード大学、カリフォルニア大学サンタバーバラ校で客員研究。専門は、発達心理学、発達臨床心理学、学校心理学。社会性や道徳性の発達、いじめなど対人関係における問題行動の予防や対応について、研究および実践をしている。
『感情の正体ー発達心理学で気持ちをマネジメントする』（筑摩書房）『子どもの「10歳の壁」とは何か？ー乗り越えるための発達心理学』（光文社）『まんがでわかる発達心理学』（講談社）など著書多数。

○編著者
木村愛子（藤沢市立大清水小学校）

○執筆者
小林朋子（静岡大学）
岩崎佐保子（元藤沢市立大清水小学校）
井上康介（小田原市立千代小学校）
森嶋尚吾（品川区立城南第二小学校）
村上智江子（ベネッセコーポレーション）
大川真知子（LITALICO）
鳥羽美紀子（元静岡市立由比幼稚園）
社浦竜太（常葉大学）
長谷川誉子（保育士）
原田恵理子（東京情報大学）

河村真理子（育英幼稚園）
河村　圭（育英幼稚園）
平山祐一郎（東京家政大学）
藤野沙織（児童相談所）
小高佐友里（東京成徳大学）
草海由香里（法政大学大学院）
田中裕貴（法政大学大学院）
高橋あい（千葉明徳短期大学）
田代琴美（小田原短期大学）
翁川千里（東京学芸大学大学院）

イラスト　えびてん
組版　昆みどり
装幀　守谷義明＋六月舎

イラスト版　子どもの感情力をアップする本
――自己肯定感を高める気持ちマネジメント50

2019年 3月30日　第1刷発行
2022年10月10日　第2刷発行

監修者　渡辺弥生
編著者　木村愛子
発行者　坂上美樹
発行所　合同出版株式会社
　　　　東京都小金井市関野町1-6-10
　　　　郵便番号　184-0001
　　　　電話　042(401)2930
　　　　振替　00180-9-65422
　　　　ホームページ　https://www.godo-shuppan.co.jp/
印刷・製本　株式会社シナノ

■刊行図書リストを無料進呈いたします。
■落丁乱丁の際はお取り換えいたします。

本書を無断で複写・転訳載することは、法律で認められている場合を除き、著作権及び出版社の権利の侵害になりますので、その場合にはあらかじめ小社宛てに許諾を求めてください
ISBN978-4-7726-1352-1　NDC370　257×182
©Yayoi Watanabe, 2019